# Contents

**ANSWER KEY**

**PARA EMPEZAR**
Práctica escrita . . . . . . . . . . . . . . . . . . . . 1
Práctica de comprensión auditiva. . . . . . . . 1

**CAPÍTULO 1**
Práctica escrita . . . . . . . . . . . . . . . . . . . 2
Práctica de comprensión auditiva . . . . . . 3

**CAPÍTULO 2**
Práctica escrita . . . . . . . . . . . . . . . . . . . 4
Práctica de comprensión auditiva . . . . . . 5

**CAPÍTULO 3**
Práctica escrita . . . . . . . . . . . . . . . . . . . 7
Práctica de comprensión auditiva . . . . . . 7

**CAPÍTULO 4**
Práctica escrita . . . . . . . . . . . . . . . . . . . 8
Práctica de comprensión auditiva . . . . . 10

**CAPÍTULO 5**
Práctica escrita . . . . . . . . . . . . . . . . . . 11
Práctica de comprensión auditiva . . . . . 12

**CAPÍTULO 6**
Práctica escrita . . . . . . . . . . . . . . . . . . 13
Práctica de comprensión auditiva . . . . . 14

**CAPÍTULO 7**
Práctica escrita . . . . . . . . . . . . . . . . . . 14
Práctica de comprensión auditiva . . . . . 15

**CAPÍTULO 8**
Práctica escrita . . . . . . . . . . . . . . . . . . 16
Práctica de comprensión auditiva . . . . . 18

**CAPÍTULO 9**
Práctica escrita . . . . . . . . . . . . . . . . . . 18
Práctica de comprensión auditiva . . . . . 19

**CAPÍTULO 10**
Práctica escrita . . . . . . . . . . . . . . . . . . 21
Práctica de comprensión auditiva . . . . . 22

**CAPÍTULO 11**
Práctica escrita . . . . . . . . . . . . . . . . . . 23
Práctica de comprensión auditiva . . . . . 24

**CAPÍTULO 12**
Práctica escrita . . . . . . . . . . . . . . . . . . 25
Práctica de comprensión auditiva . . . . . 26

**CAPÍTULO 13**
Práctica escrita . . . . . . . . . . . . . . . . . . 27
Práctica de comprensión auditiva . . . . . 28

**CAPÍTULO 14**
Práctica escrita . . . . . . . . . . . . . . . . . . 29
Práctica de comprensión auditiva . . . . . 30

**ACTIVIDADES CON EL VIDEO** . . . . . 31

## Lab Audio Script

**Para Empezar** . . . . . . . . . . . . . . . 35

**Capítulo 1** . . . . . . . . . . . . . . . . . . 36

**Capítulo 2** . . . . . . . . . . . . . . . . . 38

**Capítulo 3** . . . . . . . . . . . . . . . . 41

**Capítulo 4** . . . . . . . . . . . . . . . . 43

**Capítulo 5** . . . . . . . . . . . . . . . . 46

**Capítulo 6** . . . . . . . . . . . . . . . . 49

**Capítulo 7** . . . . . . . . . . . . . . . . 51

**Capítulo 8** . . . . . . . . . . . . . . . . . . 54

**Capítulo 9** . . . . . . . . . . . . . . . . . . 56

**Capítulo 10** . . . . . . . . . . . . . . . . 58

**Capítulo 11** . . . . . . . . . . . . . . . . 61

**Capítulo 12** . . . . . . . . . . . . . . . . 64

**Capítulo 13** . . . . . . . . . . . . . . . . 66

**Capítulo 14** . . . . . . . . . . . . . . . . 69

# Answer Key to

**PRÁCTICA ESCRITA**
**PRÁCTICA DE COMPREHENSIÓN AUDITIVA**
**ACTIVIDADES CON EL VIDEO**

# Answer Key

## PARA EMPEZAR

## Práctica escrita

**A. Asociaciones.**

1. d
2. e
3. c
4. a
5. b

**B. Los que están.**

1. ¡Gracias!
2. Hasta pronto.
3. Igualmente.
4. conversación
5. abrazo

**C. Diálogos.**

1. ¡Hola!
2. ¿cómo te llamas?
3. ¡Mucho gusto!
4. esta es
5. Encantada

**D. Bellas ciudades.**

1. Mendoza
2. Tegucigalpa
3. Santiago
4. Acapulco
5. Montevideo

**E. Hermosos países.**

1. A, erre, ge, e, ene, te, i, ene, a
2. Be, o, ele, i, ve, i, a [o] Be, o, ele, i, uve, i, a
3. Pe, a, ere, a, ge, u, a, i griega
4. Che, i, ele, e
5. Ve, e, ene, e, zeta, u, e, ele, a [o] Uve, e, ene, e, zeta, u, e, ele, a

**F. ¡Hola!**

1. formal
2. informal
3. informal
4. formal
5. formal

**G. Te quiero presentar a...**

1. tardes
2. estás
3. bien
4. tú
5. gracias
6. Buenas
7. Buenas tardes
8. presento
9. profesora
10. gusto
11. gusto

**H. ¿Tú o usted?**

1. usted
2. tú
3. tú
4. usted
5. usted

### El rincón de los lectores

Antes de empezar, dime…

*Answers will vary.*

a. hombres, mujeres
b. hombres, mujeres
c. mujeres
d. mujeres
e. hombres, mujeres

Y ahora, dime...

**Saludos**: All gestures mentioned are used for greetings.
**Despedidas**: All gestures mentioned are used for good-byes.
**Saludos y despedidas**: el apretón de manos, el abrazo y el beso

a. **apretón de manos:** all three groups
b. **¡Adiós!:** all three groups (but with palm of hand turned up facing the sky)
c. **abrazo:** all three groups
d. **beso en la mejilla:** hombres / mujeres *and* mujeres / mujeres
e. **¡Hola!:** all three groups

## Práctica de comprensión auditiva

**A. Palabras.**

1. b
2. a
3. c
4. b

**B. Recepcionista.**

1. ACUÑA
2. PADILLA
3. PANTOJA
4. LEYVA
5. VALDEZ

**C. ¿Cómo se escribe?**

1. Juanita Montoya
2. Javier Santiago

**D. ¿Formal o informal?**

1. informal
2. formal
3. informal
4. informal
5. ambos

**E. Saludos.**

1. b
2. c
3. c
4. a
5. c

**F. A observar.**

1. tú
2. usted
3. usted
4. tú
5. tú

### Acentuación

| | | | |
|---|---|---|---|
| caso | casó | América | americano |
| entro | entró | canción | canciones |
| esta | está | examen | exámenes |

## Dictado

1. el apretón de manos
2. el abrazo
3. el beso

# CAPÍTULO 1

# Práctica escrita

## PASO 1

### A. Examen.

1. perezoso
2. mochila
3. fútbol
4. librería
5. compañero

### B. Categorías.

1. c
2. b
3. c
4. d

### C. Marcas y ejemplos.

1. e
2. d
3. f
4. c
5. b
6. a

### D. ¡Tantos nombres!

1. Sí, es ella.
2. Sí, es ella.
3. Sí, es él.
4. Sí, es ella.
5. Sí, es él.

### E. ¿Quién es?

1. Sí, él es cubano.
2. Sí, yo soy venezolano. [o] Sí, yo soy venezolana.
3. Sí, él es uruguayo.
4. Sí, ella es salvadoreña.
5. Sí, ella es paraguaya.

### F. ¡Rumores!

*Answers may vary.*

1. No, él es muy paciente.
2. No, ella es muy trabajadora.
3. No, ella es muy extrovertida.
4. No, él es muy extrovertido.
5. No, ella es muy divertida.

### G. ¿Qué buscas?

1. Busco el bolígrafo.
2. Busco la calculadora.
3. Busco la mochila.
4. Busco el libro de español.
5. Busco el papel.
6. Busco el diccionario.

### H. Mi cuarto.

1. Necesito una mochila.
2. Necesito unos libros.
3. Necesito unos bolígrafos.
4. Necesito unos papeles.
5. Necesito unos lápices.

### I. En la librería.

1. unos libros
2. unos cuadernos
3. papel
4. unos lápices
5. unos bolígrafos
6. unas mochilas

## PASO 2

### J. Personajes famosos.

1. ciencias políticas
2. cine
3. música
4. arte
5. literatura

### K. Similares.

1. e
2. d
3. a
4. b
5. c

### L. Antónimos.

1. c
2. d
3. a
4. e
5. b

### M. Responsabilidades.

1. necesito comprar lápices.
2. no necesito esquiar.
3. no necesito llamar a unos amigos.
4. necesito comer.
5. necesito leer libros.
6. necesito estudiar mucho.

### N. Estudiantes internacionales.

1. somos
2. soy
3. es
4. es
5. es
6. son
7. son
8. somos
9. son

### O. ¡Preguntas y más preguntas!

1. Sí, ellas son estudiantes de la universidad.
2. Sí, ella es una amiga.
3. No, nosotros no somos de Venezuela.
4. Sí, yo soy de los Estados Unidos.
5. Sí, ellos son estudiantes.
6. No, tú no eres tímido.

### P. ¡Opiniones!

1. a
2. c
3. b
4. b
5. a

### Q. Los profesores.

1. Los profesores de historia son inteligentes y liberales.
2. Las profesoras Carrillo y Álvarez son pacientes y divertidas.
3. El profesor de física es tímido y serio.
4. La profesora de matemáticas es inteligente y simpática.
5. Todos los profesores de español son organizados y pacientes.

**R. El amigo ideal.**
*Answers will vary.*

# PASO 3

**S. Relaciones.**
1. teatro
2. lápiz
3. supermercado
4. lavar
5. película

**T. Los lugares.**
1. b
2. c
3. a
4. e
5. d

**U. ¿Qué hacen?**
1. escuchan
2. prepara
3. estudiamos
4. hablo
5. llama
6. miran
7. tomamos
8. estudias

**V. ¡Ay, papá!**
1. Escuchan
2. Estudias
3. Compras
4. Trabajas
5. Preparan
6. Tocas

**W. ¿Qué hacemos?**
1. d
2. a
3. c
4. e
5. b

**X. ¡El fin de semana!**
1. Mis amigos van a comprar libros en la librería.
2. Yo voy a estudiar en la biblioteca.
3. Tú vas a tomar refrescos en la cafetería.
4. Samuel y yo vamos a comer en el restaurante.
5. Ana y Julio van a comprar comida en el supermercado.

**Y. Distancia y espacio.**
1. hispanos: mínima distancia y espacio; estadounidenses: más distancia y espacio
2. hispanos: distancia íntima; estadounidenses: más distancia y espacio

**Z. Características.**
1. H
2. E
3. H
4. A
5. E
6. E
7. H

# Práctica de comprensión auditiva

## PASO 1

**A. Palabras.**
1. b
2. a
3. c
4. b

**B. El primer día de clase.**
1. C
2. F
3. F
4. C
5. C

**C. ¿De dónde es?**
1. b
2. a
3. d
4. c
5. e

**D. ¿Cómo es?**
1. Paco
2. Pablo
3. Elena
4. Lupita
5. Antonio
6. Gloria

**E. ¿A quién describen?**
1. Profesor
2. Estudiante
3. Estudiante
4. Profesor
5. Profesor
6. Estudiante

**F. En la novela.**
1. El profesor
2. Teresa
3. Tomás
4. Teresa
5. Teresa
6. Tomás
7. El profesor
8. El profesor
9. El profesor
10. Tomás

**G. ¿Hombre o mujer?**
1. Mujer
2. Mujer
3. Hombre
4. Mujer
5. Hombre
6. Hombre

**H. ¿Qué necesitamos?**
1. unos libros
2. una mochila
3. un bolígrafo
4. unos cuadernos
5. una calculadora
6. un lápiz

**I. ¿De quién es?**
1. El
2. Los
3. La
4. El
5. Las
6. Los

## PASO 2

**J. ¿Cómo son los estudiantes?**
1. a
2. b
3. a
4. c
5. a

**K. ¡Son terribles!**
1. F
2. C
3. F
4. C
5. F

**L. Pasatiempos.**
1. e
2. f
3. b
4. c
5. d
6. a

**M. Responsabilidades.**
1. leer
2. ir de compras
3. preparar la cena
4. pasear
5. hablar por teléfono

**N. ¿Ellos/ellas o nosotros/nosotras?**

1. ellos
2. ellos
3. nosotras
4. ellas
5. nosotros
6. nosotros

**O. ¿Quién es?**

1. Yolanda y Paco
2. Paco
3. Yolanda y Paco
4. Yolanda
5. Yolanda y Paco
6. Paco
7. Yolanda y Paco

**P. ¡Qué día!**

1. e
2. d
3. f
4. a
5. c
6. b

## PASO 3

**Q. ¿Qué van a hacer?**

1. c
2. c
3. a
4. b
5. b

**R. Programa de radio.**

1. F
2. C
3. C
4. C
5. C

**S. En mi apartamento.**

1. F
2. F
3. F
4. C
5. C

**T. Compañeros de cuarto.**

1. mira
2. prepara
3. mira
4. busca
5. estudia
6. necesita

**U. ¡A casa!**

1. b
2. d
3. f
4. a
5. e
6. c

**V. Por fin, ¡solo!**

1. necesito
2. estudio
3. estudiamos
4. miro
5. toco

**W. El último día…**

1. f
2. c
3. a
4. d
5. b
6. e

### Pronunciación

1. ND   2. D   3. ND   4. ND   5. ND   6. D
7. D   8. ND

1. ue   2. ui   3. ie   4. eu   5. ue

### Silabeo

1. ro-mán-ti-co
2. li-be-ral
3. sin-ce-ra
4. mon-ta-ña
5. his-to-ria
6. im-pa-cien-te

1. se-lec-cio-nar
2. dis-fru-tar
3. par-ti-ci-par
4. com-pu-ta-do-ra
5. es-tu-diar
6. an-ti-pá-ti-co

1. ex-tro-ver-ti-do
2. li-bre-rí-a
3. ci-clis-mo
4. bi-blio-te-ca
5. pa-dres
6. pre-pa-rar

1. cua-der-no
2. te-a-tro
3. co-rre-o
4. bue-no
5. cuar-to
6. ma-es-tro

1. li-bre-rí-a
2. Ra-úl
3. e-co-no-mí-a
4. pa-ís
5. bio-lo-gí-a
6. a-bo-ga-cí-a

### Acentuación

arte        ex<u>a</u>men        organiz<u>a</u>do        prog<u>a</u>rama
t<u>a</u>xi        re<u>fre</u>sco        sal<u>a</u>mi        <u>pa</u>dres
com<u>ú</u>n        inter<u>é</u>s        pap<u>á</u>        enamor<u>é</u>
fing<u>í</u>        contro<u>ló</u>        Per<u>ú</u>

### Dictado

1. escuchar música popular
2. hablar por teléfono
3. ir de compras

# CAPÍTULO 2

# Práctica escrita

## PASO 1

**A. Asociaciones.**

1. c
2. a
3. e
4. b
5. f
6. d

**B. Profesionales.**

1. veterinaria
2. receta
3. animales
4. juez
5. corte
6. arquitectas
7. clientes
8. periodista

**C. Los que son.**

1. menú
2. restaurante
3. farmacéutico
4. abogado
5. oficina

**D. Buen trabajo.**

A. 4
B. 3
C. 2
D. 1
E. 5

**E. ¡Es increíble!**

1. abren
2. corre
3. recibe
4. escribe
5. comemos
6. bebemos

**F. En la librería.**
1. entran
2. venden
3. recibe
4. divide
5. diseña
6. deciden

**G. ¡Qué jactanciosa!**
1. Yo tengo un coche nuevo todos los años.
2. Mis padres salen de viaje a Europa frecuentemente.
3. Mi papá siempre va a Arecibo.
4. Yo salgo con los muchachos más ricos de la universidad.
5. Mis amigos siempre vienen a mis fiestas.

**H. ¡Vacaciones!**
1. tengo
2. salimos
3. tenemos
4. tiene
5. vienen
6. vamos

## PASO 2

**I. Examen.**
1. canción
2. diccionario
3. ¡Hola!
4. nosotros
5. café

**J. ¿Sinónimo o antónimo?**
1. S
2. A
3. A
4. S
5. A

**K. Actividades y complementos.**
1. e
2. c
3. a
4. b
5. d

**L. Preocupaciones.**
1. d
2. c
3. e
4. b
5. f
6. g
7. a

**M. Preguntas.**
1. Cuándo
2. Dónde
3. Quién
4. Qué
5. Cuántos

**N. ¡Qué raro!**
1. 5-58-22-11
2. 9-10-14-93
3. 7-71-60-0-8
4. 2-15-16-43
5. 5-19-29-14

**O. ¡Se necesita compañera!**
1. mi
2. Nuestro
3. Nuestras
4. Sus
5. mi
6. Tu
7. nuestro

## PASO 3

**P. Asociaciones lógicas.**
1. e
2. d
3. c
4. a
5. b

**Q. Examen.**
1. ejercicio
2. miércoles
3. verano
4. mesero
5. frío

**R. ¿A qué hora… ?**
1. A las nueve y diez de la mañana.
2. A la una de la tarde.
3. A las dos y cincuenta de la tarde. [o] A las tres menos diez de la tarde.
4. A las seis y veinticinco de la tarde. [o] A las seis y veinte y cinco de la tarde.
5. A las ocho y treinta y cinco de la tarde. [o] A las nueve menos veinticinco de la tarde.

**S. ¡Detalles!**
1. El sol sale a las siete y veinte de la mañana. [o] El sol se pone a las cuatro y cuarenta y nueve de la tarde.
2. El sol sale a las seis y cinco de la mañana. El sol se pone a las seis y veintidós de la tarde.
3. El sol sale a las cinco y cuarenta y dos de la mañana. [o] El sol sale a las seis menos dieciocho de la mañana.

   El sol se pone a las ocho y treinta y cuatro de la tarde. [o] El sol se pone a las nueve menos veintiséis de la tarde.
4. El sol sale a las seis y cincuenta y cuatro de la mañana. [o] El sol sale a las siete menos seis de la mañana.
   El sol se pone a las siete y dos de la tarde.

**T. Por estas fechas.**
1. c
2. a
3. d
4. e
5. b

**U. ¡Días importantes!**
1. El día seis de enero. [o] El seis de enero.
2. El día catorce de febrero. [o] El catorce de febrero.
3. El día diecisiete de marzo. [o] El diecisiete de marzo.
4. El día cuatro de julio. [o] El cuatro de julio.
5. El día nueve de noviembre. [o] El nueve de noviembre.

# Práctica de comprensión auditiva

## PASO 1

**A. ¿Dónde trabajan?**
1. a
2. f
3. d
4. b
5. e
6. c

**B. ¿Qué hacen estas personas?**

1. c          4. f
2. e          5. a
3. b          6. d

**C. Empleos.**

1. C          4. F
2. F          5. C
3. F          6. C

**D. Cambio de trabajo.**

1. decide     5. llega
2. vende      6. necesita
3. vive       7. Escribe
4. abre       8. va

**E. Un trabajo muy interesante.**

1. trabajo        6. leo
2. Aprendo        7. escribo
3. compartimos    8. vivo
4. vende          9. salimos
5. trabajamos    10. comemos

**F. Respuestas.**

1. b          4. a
2. a          5. b
3. c          6. c

**G. ¿Ejercicios o estudios?**

1. salimos    5. tengo
2. salgo      6. tenemos
3. tengo      7. salimos
4. vienes

## PASO 2

**H. Palabras.**

1. a          3. a
2. b          4. c

**I. Problemas.**

1. b          3. c
2. b

**J. Información inesperada.**

1. Cuántas    4. Adónde
2. Dónde      5. Quiénes
3. Cómo       6. Cuándo

**K. Una cita.**

1. b
2. c
3. a
4. a
5. c

**L. ¿Qué número es?**

1. a          4. c
2. c          5. a
3. a

**M. ¡A la clase de matemáticas!**

1. c          4. a
2. b          5. b
3. c

**N. ¡Aquí está!**

1. su         4. su
2. sus        5. nuestro
3. mi         6. mis

**O. Descripciones.**

1. Mis        4. Nuestro
2. Nuestra    5. Su
3. Su

## PASO 3

**P. Palabras.**

1. a          3. b
2. c          4. b

**Q. Planes.**

1. B          3. A
2. D          4. C

**R. Horario.**

1. C          4. F
2. F          5. F
3. F

**S. ¿Dónde está?**

1. en la cafetería
2. en el trabajo
3. en una oficina
4. en una clase
5. en una clase
6. en el trabajo

**T. Calendario.**

1. el veinte de junio
2. diez de noviembre
3. el veinte de marzo
4. el seis de enero
5. el veinticinco de diciembre
6. el catorce de febrero

## Pronunciación

### Acentuación

bus-<u>car</u>   sen-ti-men-<u>tal</u>   es-pa-<u>ñol</u>   in-te-lec-<u>tual</u>
mu-<u>jer</u>   a-mis-<u>tad</u>

<u>Pé</u>-rez   <u>án</u>-gel   <u>ár</u>-bol   <u>Cá</u>-diz   <u>ú</u>-til   <u>fút</u>-bol

### Dictado

1. Soy estudiante en la universidad de Río Piedras, en San Juan, Puerto Rico.
2. Trabajo como reportero para el periódico de la universidad.
3. Vivir y estudiar en Puerto Rico es muy especial.

## CAPÍTULO 3

## Práctica escrita

### PASO 1

**A. Asociaciones.**
1. c      4. e
2. a      5. d
3. b

**B. Los que son.**
1. noroeste      4. primero
2. triste      5. chico
3. enfermo

**C. ¡Preparaciones!**
1. está      4. está
2. estás      5. está
3. están

**D. ¿Qué pasa?**
1. c      4. b
2. a      5. b
3. b      6. a

**E. ¿Dónde está?**
1. c
2. d
3. e
4. b
5. a

### PASO 2

**F. Los que son.**
1. tortilla      4. comprar
2. llamar      5. guapo
3. ¡Chorizo!

**G. Categorías.**
1. a      3. a
2. c      4. c

**H. ¿Qué pasa?**
1. está preparando      4. están hablando
2. está llegando      5. estamos tocando
3. está estudiando

**I. ¿Qué están haciendo?**
1. Manuel y Olga están preparando la comida.
2. Emilio está haciendo la sangría.
3. Los invitados están comiendo y tomando refrescos.
4. Yo estoy conversando con muchas personas interesantes.
5. Todos nosotros estamos cantando y pasándolo en grande.

### PASO 3

**J. Definiciones.**
1. problemas por **congestión de tráfico**
2. **dormir** un poco durante el día
3. **vino rojo**
4. bebida que normalmente **tiene alcohol**
5. **marisco**

**K. Antónimos.**
1. e      4. b
2. c      5. d
3. a

**L. Lista loca.**
1. idioma      4. sangría
2. gaseosa      5. humo
3. pregunta

**M. ¡Qué chico!**
1. Está      4. estar
2. Es      5. estoy
3. Estamos

**N. ¿Qué está pasando?**
1. están      5. Es
2. está      6. Es
3. están      7. es
4. está      8. es

**O. Por eso no va a la fiesta.**
1. No me gustan los refrescos.
2. No me gusta cantar.
3. No me gusta la paella.
4. No me gusta bailar pasodoble. [o] No me gusta el pasodoble. [o] No me gusta bailar el pasodoble.
5. No me gusta tocar la guitarra. / No me gusta la guitarra.

**P. ¡Eso sí me gusta!**
1. A Cristina le gustan los refrescos.
2. A nosotros nos gusta la paella.
3. A mi amigo Pedro le gusta la sangría.
4. A mí me gusta bailar flamenco.
5. A Ramiro y a Juanita les gustan las tapas.

## Práctica de comprensión auditiva

### PASO 1

**A. Palabras.**
1. a      3. a
2. a      4. b

**B. Cuatro situaciones.**
1. b      3. a
2. a      4. c

**C. Conversación.**

| | |
|---|---|
| 1. estás | 6. Está |
| 2. Estoy | 7. Estamos |
| 3. Estamos | 8. está |
| 4. está | 9. estás |
| 5. está | 10. estoy |

**D. Preguntas y respuestas.**

| | |
|---|---|
| 1. Están | 4. Está |
| 2. está | 5. Está |
| 3. están | |

## PASO 2

**E. Palabras.**

| | |
|---|---|
| 1. b | 3. a |
| 2. c | 4. c |

**F. Conversación en la fiesta.**

| | |
|---|---|
| 1. b | 3. c |
| 2. c | 4. b |

**G. Por eso.**

| | |
|---|---|
| 1. está saliendo | 4. estamos decorando |
| 2. está tocando | 5. estás inventando |
| 3. está conversando | |

**H. En el restaurante.**

| | |
|---|---|
| 1. a | 4. a |
| 2. c | 5. a |
| 3. a | |

## PASO 3

**I. Palabras.**

| | |
|---|---|
| 1. c | 3. a |
| 2. b | 4. c |

**J. Así es.**

| | |
|---|---|
| 1. es | 4. es |
| 2. están | 5. están |
| 3. somos | |

**K. Más preguntas.**

| | |
|---|---|
| 1. Estoy | 4. es |
| 2. Son | 5. Está |
| 3. Es | 6. está |

**L. Mamá tiene razón.**

| | |
|---|---|
| 1. le gusta | 4. te gustan |
| 2. les gustan | 5. me gusta |
| 3. les gustan | |

**M. ¡No me gusta nada!**

| | |
|---|---|
| 1. no me gustan | 4. no me gustan |
| 2. no me gusta | 5. no me gusta |
| 3. no me gusta | |

### Pronunciación

### Las letras *b*, *v*

| | |
|---|---|
| 1. H | 4. S |
| 2. S | 5. H |
| 3. H | 6. S |

### Acentuación

<u>pú</u>blico  re<u>pú</u>blica  <u>Mé</u>xico  <u>có</u>mico  <u>sá</u>tira

### Dictado

1. Me gusta ir a España de vacaciones porque me encanta ver a mis amigos y comer tapas.
2. A mis amigos les gusta la tortilla española y también preparan una sangría muy sabrosa.
3. Las fiestas en España son fenomenales porque siempre hay buena conversación y amigos fabulosos.

# CAPÍTULO 4
# Práctica escrita
## PASO 1

**A. Personas, lugares y cosas.**

| | |
|---|---|
| 1. c | 4. b |
| 2. e | 5. a |
| 3. d | |

**B. Significa lo mismo.**

| | |
|---|---|
| 1. c | 4. a |
| 2. b | 5. c |
| 3. b | |

**C. Clasificación.**

| arte | ropa | colores | personas |
|---|---|---|---|
| museo | falda | azul | mujer |
| retrato | traje | blanco | muchacho |
| autorretrato | vestido | rojo | esposa |

**D. ¡Modas!**

1. Este rebozo es elegante.
2. Estas camisas son grandes.
3. Esta blusa es amarilla.
4. Esta falda es hermosa.
5. Este traje es feo.
6. Estos vestidos son largos.

**E. ¡Para nada!**

1. No, aquel rebozo es feo.
2. No, aquellas camisas son pequeñas.
3. No, aquella blusa es roja.
4. No, aquella falda es fea.

5. No, aquel traje es hermoso.
6. No, aquellos vestidos son cortos.

**F. Estudiante típico de la UNAM.**
1. entiende
2. Quiere
3. puede
4. Piensa
5. Prefiere
6. vuelven
7. empiezan
8. vuelve

**G. ¡No voy a Acapulco!**
1. Yo prefiero estar en casa.
2. Yo no puedo dormir en hoteles.
3. Mi boleto cuesta mucho.
4. Ustedes pueden hacer más si no voy.
5. Ustedes vuelven muy tarde.

**H. ¡Sí mamá, sí papá!**
1. Sí, almuerzo bien.
2. No, volvemos (a la residencia) a las diez.
3. Prefiero la clase de física.
4. Sí, duermo ocho horas todas las noches.
5. No, no pierdo mucho tiempo mirando la tele.
6. Pienso volver a casa en diciembre.

# PASO 2

**I. Descripciones, cosas y acciones.**
1. c
2. b
3. a
4. e
5. d

**J. Examen.**
1. zapato
2. matrícula
3. lana
4. impermeable
5. autorretrato

**K. ¿Qué necesitas?**
1. a
2. c
3. b
4. e
5. d

**L. ¡Profesiones!**
1. cincuenta y dos mil cuatrocientos cincuenta dólares
2. dieciocho mil quinientos dólares
3. dos millones de dólares
4. setenta y cinco mil cuatrocientos treinta dólares
5. cuatrocientos mil dólares
6. doscientos treinta mil dólares

**M. ¡Gané!**
1. Para: *Answers will vary.*
   Setecientos cincuenta mil cuatrocientos noventa y nueve
2. Para: *Answers will vary.*
   Diecisiete mil seiscientos treinta y cinco
3. Para: *Answers will vary.*
   Treinta y siete mil doscientos treinta y nueve
4. Para: *Answers will vary.*
   Cinco mil trescientos treinta y dos.

**N. ¡Guerra de precios!**
1. Son tan caros / Cuestan tanto en Gigante como en el Palacio de Hierro.
2. Son tan caros / Cuestan tanto en Gigante como en el Palacio de Hierro.
3. Son tan caros / Cuestan tanto en Palacio de Hierro como en Gigante.
4. Son tan caros / Cuestan tanto en Gigante como en el Palacio de Hierro.
5. Son tan caras / Cuestan tanto en Gigante como en el Palacio de Hierro.

**O. Mis hermanos.**
1. Mi hermano es más alto que yo.
2. Yo soy mejor que mi hermano en matemáticas.
3. Yo soy mayor que mi hermano.
4. Yo soy menos ordenado que mi hermano.
5. Yo tengo más paciencia que mi hermano. [o] Yo soy más paciente que mi hermano.

**P. ¡Prefiero un departamento!**
1. La residencia es más cara.
2. La residencia acepta más personas por habitación.
3. El departamento tiene la habitación más grande.
4. La residencia tiene más baños.
5. En la residencia hay más ruido.

# PASO 3

**Q. Problemas y soluciones.**
1. b
2. a
3. e
4. c
5. d

**R. Categorías.**
1. extremo
2. tú
3. irrepetible
4. tener prisa

**S. ¡Buen observador!**
1. c
2. e
3. b
4. d
5. a
6. f

**T. De compras en Guadalajara.**
1. tengo que
2. tengo frío
3. tienes razón
4. tengo hambre
5. tengo miedo
6. tengo sed

**U. De noche en el D.F.**
1. pudimos
2. fuimos
3. fue
4. fueron
5. fuimos
6. tuvo

**V. Fue ayer.**
1. Tuvimos el examen ayer.
2. La fiesta de Paula fue ayer.
3. Fui a ver la nueva película ayer.

4. Tuvieron que pagar el alquiler ayer.
5. Sara fue a Cancún ayer.

# Práctica de comprensión auditiva

## PASO 1

**A. Palabras.**
1. a
2. b
3. b
4. b

**B. ¿Quién?**
1. Paco
2. Rosa
3. Rosa
4. Paco
5. Rosa
6. Guardia
7. Paco
8. Guardia

**C. Contrastes.**
1. Este; Ese
2. Estas; Esas
3. Ese; Este
4. Esas; Esas
5. Esta; Esta

**D. Cerca de mí y de ti.**
1. b
2. b
3. b
4. a

**E. Salir a comer.**
1. Quiero
2. puede
3. Quiere
4. almuerza
5. Prefiere
6. vuelvo
7. podemos
8. Pienso
9. Prefiero

**F. Problemas de estudiantes de la UNAM.**
1. No entienden
2. No encuentran
3. Cuesta mucho
4. Ellos prefieren
5. El profesor cierra

## PASO 2

**G. De compras en el Palacio de Hierro.**
1. c
2. a
3. a
4. d
5. c

**H. De compras.**
1. b
2. a
3. c
4. c
5. a

**I. Población.**
1. c
2. a
3. a
4. c
5. b

**J. Igual.**
1. tan cara como
2. tan inteligente como
3. tan hermosos como
4. tan larga como
5. tan agresivo como

**K. Comparación de países.**
1. tan bonitas como
2. tantas universidades como
3. tan elegante como
4. tanto como
5. tantos lugares bonitos como

**L. Mi hermano.**
1. alto
2. menor
3. mayor
4. mayor

**M. Comparaciones.**
1. menos
2. más
3. más
4. menos

## PASO 3

**N. Palabras.**
1. a
2. a
3. a
4. c

**O. ¡Otro museo!**
1. C
2. C
3. F
4. F
5. F

**P. ¿Qué tiene?**
_4_ Tiene miedo.          _1_ Tiene hambre.
_6_ Tiene suerte hoy.     _3_ Tiene prisa.
_2_ Tiene frío.           _5_ Tiene razón.

**Q. Sí o no.**
1. Tengo sed.
2. No tengo frío.
3. Tengo hambre.
4. tengo prisa.
5. tengo sueño.
6. tengo suerte

**R. Xochimilco.**
1. F
2. C
3. C
4. F
5. F

**S. ¡Qué suerte!**
1. pude
2. tuve
3. fue
4. Fueron
5. fuimos

## Pronunciación

### La letra *d*
1. D
2. TH
3. D
4. TH
5. TH
6. D
7. TH
8. TH

### Las letras *r, rr*
1. R
2. RR
3. RR
4. R
5. RR
6. R
7. R
8. RR

## Acentuación

1. b
2. a
3. b

## Dictado

1. Cuando voy a México siempre como tortas.
2. También voy al mercado y compro mucha ropa cuando está en oferta.
3. Por supuesto, nunca regreso de México sin visitar los museos y las pirámides aztecas.

# CAPÍTULO 5
# Práctica escrita

## PASO 1

### A. Gente, animales, muebles y lugares.
1. c
2. b
3. a
4. e
5. d

### B. Lo esencial.
1. heladera
2. televisor
3. dinero
4. plástico
5. perros

### C. ¿Dónde?
1. d
2. c
3. e
4. b
5. a

### D. ¡Un nuevo compañero!
1. Tu habitación es grande.
2. Los muebles están en buenas condiciones.
3. El comedor está al lado de la cocina.
4. El departamento está disponible.
5. El baño está cerca de tu habitación.

### E. ¿Cómo lo hacen?
1. estoy
2. es
3. es
4. está
5. es
6. está

### F. ¡En la Recoleta!
1. Los Aguirre viven enfrente de Santiago.
2. Elvira vive a la derecha de José Antonio.
3. Los Méndez viven al lado de los Leyva.
4. Pepe y Mario viven más lejos de Elvira, en la misma acera. [o] Pepe y Mario viven más lejos de Elvira.
5. Mari Pepa y Elisa viven enfrente de Pepe y Mario.

### G. ¡Descríbemelo!
1. El perro está debajo de la mesita.
2. Los libros están encima del sofá. [o] Los libros están sobre el sofá. [o] Los libros están en el sofá.
3. La mesita está enfrente de las ventanas. [o] La mesita está delante de las ventanas.
4. El sofá está entre la mesita y la puerta. [o] El sofá está entre la puerta y la mesita.
5. La lámpara está a la izquierda del sofá. [o] La lampara está junto al sofá. [o] La lámpara está al lado del sofá.

## PASO 2

### H. Antónimos.
1. e
2. a
3. d
4. b
5. c

### I. A completar.
1. a pie
2. Anoche
3. superresponsable
4. entrada
5. cumpleaños

### J. ¡A Bahía Blanca!
1. para
2. Para
3. por
4. por
5. Para

### K. ¡La primera visita a Mendoza!
1. para
2. para
3. por
4. para
5. por
6. para
7. para
8. para

### L. ¡Qué diferencia!
1. Yo nunca leo el periódico de la universidad.
2. Yo casi nunca estudio en la biblioteca.
3. Yo nunca llego a clase tarde.
4. Yo escucho música clásica solo los domingos.
5. Yo siempre voy a partidos de fútbol americano.

## PASO 3

### M. Mi familia.
1. e
2. c
3. a
4. b
5. d
6. f

### N. Los que son.
1. jugador
2. bruto
3. morena
4. sobrino
5. protestar
6. reaccionar

### O. ¡Mis hermanas!
1. Yo trabajo tanto como mi hermana.
2. Yo visito a mis padres tanto como mi hermana.
3. Yo hago tanto ejercicio como mi hermana.
4. Yo tengo tantos amigos como mi hermana.
5. Yo voy a la discoteca tanto como mi hermana.

### P. ¡Mi hermano!
1. Yo nado más metros que mi hermano. [o] Mi hermano nada menos metros que yo.

2. Mi hermano quema más calorías que yo. [o] Yo quemo menos calorías que mi hermano.
3. Yo paso tanto frío en invierno como mi hermano. [o] Mi hermano pasa tanto frío en invierno como yo.
4. Yo disfruto menos en las fiestas que mi hermano. [o] Mi hermano disfruta más en las fiestas que yo.
5. Yo reacciono mejor en las dificultades que mi hermano. [o] Mi hermano reacciona peor que yo en las dificultades.

**Q. Mucho deporte.**
1. Los futbolistas argentinos tratan a sus contrarios cortésmente.
2. Los nadadores argentinos buscan la victoria obsesivamente.
3. Los corredores argentinos están de moda constantemente.
4. Los golfistas argentinos participan en competiciones mensualmente.
5. El entrenador nacional trata a sus atletas cuidadosamente.

**R. ¡Nervioso!**
1. diariamente
2. cuidadosamente
3. lentamente
4. calmadamente
5. silenciosamente
6. totalmente
7. profundamente
8. constantemente
9. especialmente

# Práctica de comprensión auditiva

## PASO 1

**A. Palabras.**
1. c
2. b
3. b
4. a

**B. Necesito departamento.**
1. a
2. a
3. b
4. a

**C. El nuevo departamento en La Boca.**
1. es
2. Es
3. está
4. son
5. está
6. estoy

**D. Otro departamento en La Boca.**
1. está
2. es
3. son
4. Está
5. es
6. está
7. es
8. estoy

**E. Boda en la Catedral Metropolitana de B.A.**
1. a
2. c
3. b
4. b
5. a

**F. ¡Descríbemelo!**
1. F
2. F
3. C
4. C
5. C

## PASO 2

**G. Palabras.**
1. a
2. b
3. a
4. c

**H. Una visita por sorpresa.**
1. a
2. b
3. a
4. b

**I. Respuestas breves.**
1. a
2. b
3. b
4. a

**J. Mis abuelos.**
1. Para
2. por
3. por
4. por
5. Para
6. para

**K. ¡Mucho trabajo!**
1. c
2. a
3. b
4. a
5. a

**L. En otras palabras.**
1. b
2. a
3. c
4. c

## PASO 3

**M. Palabras.**
1. a
2. b
3. c
4. b

**N. Mi hermano menor.**
1. tanto
2. tantos
3. más
4. como

**O. Comparaciones.**
1. menos
2. más
3. más
4. menos

**P. Una profesora excelente.**
1. inmediatamente
2. raramente
3. frecuentemente
4. cuidadosamente
5. totalmente

**Q. ¡Por suerte!**
1. mensualmente
2. raramente
3. totalmente
4. exactamente
5. lentamente

## Pronunciación

### Las letras *j, g*

| | | | |
|---|---|---|---|
| 1. G | | 5. G | |
| 2. J | | 6. G | |
| 3. G | | 7. G | |
| 4. J | | 8. J | |

### Acentuación

| | |
|---|---|
| 1. a | 3. b |
| 2. a | |

### Dictado

1. En la sociedad hispánica los niños generalmente participan en actividades sociales con adultos.
2. De esta manera los niños aprenden a relacionarse con todos los miembros de la familia.

# CAPÍTULO 6

# Práctica escrita

## PASO 1

### A. Conceptos.

| | |
|---|---|
| 1. e | 4. b |
| 2. c | 5. d |
| 3. a | |

### B. Los que pertenecen.

| | |
|---|---|
| 1. c | 3. a |
| 2. b | 4. c |

### C. ¿Cómo fue eso?

| | |
|---|---|
| 1. decidieron | 5. llamó |
| 2. Comieron | 6. llegó |
| 3. salieron | 7. encontró |
| 4. encontraron | 8. arrestó |

### D. *Prensa Libre*

| | |
|---|---|
| 1. viajó | 4. arrasó |
| 2. manejó | 5. recibieron |
| 3. visitó | 6. esperaron |

## PASO 2

### E. Series.

| | |
|---|---|
| 1. liga | 4. clasificados |
| 2. libro | 5. escuela primaria |
| 3. asesinar | |

### F. Solo una.

| | |
|---|---|
| 1. b | 4. c |
| 2. a | 5. a |
| 3. c | |

### G. ¡Robo!

1. Anoche (yo) llegué tarde a casa.
2. Durante la noche mi hermano oyó un ruido.
3. Yo saqué la linterna.
4. (Yo) comencé a buscar la causa del ruido.
5. Mi hermano empezó a marcar el 911.
6. Cuando yo alcancé a ver el jardín,…
7. Mi hermano oyó las noticias en la radio.

## PASO 3

### H. Leyendo el periódico *Prensa Libre*.

| | |
|---|---|
| 1. piscina | 3. hombre |
| 2. asesinato | 4. grosero |

### I. Relaciones

| | |
|---|---|
| 1. d | 4. b |
| 2. c | 5. a |
| 3. e | |

### J. Ya lo hicimos.

1. Estuve aquí ayer.
2. Hicimos la tarea ayer.
3. Hice las galletas ayer.
4. Dijo eso ayer.
5. Estuvieron aquí ayer.

### K. Comida en el Parque Minerva.

1. Carlos hizo los sándwiches.
2. Rafael y yo estuvimos en casa de tía Matilde.
3. (Nosotros) Dijimos: «¿Quiere acompañarnos?».
4. Tía Matilde dijo que sí.
5. Tía Matilde y yo hicimos un pastel muy especial.
6. El pastel estuvo delicioso.

### L. Planes.

1. Se compran mesas nuevas.
2. Se buscan meseros simpáticos.
3. Se busca administrador trabajador.
4. Se compran sillas bonitas.
5. Se busca cajero honesto.
6. Se necesitan cocineros competentes.

### M. En la residencia.

1. Se escucha música todo el día. [o] No se escucha música todo el día.
2. Se pide la tarjeta de identidad al entrar. [o] No se pide la tarjeta de identidad al entrar.
3. Se organizan actividades y partidos. [o] No se organizan actividades y partidos.
4. Se permite llevar comida a las habitaciones. [o] No se permite llevar comida a las habitaciones.
5. Se puede cocinar en las habitaciones. [o] No se puede cocinar en las habitaciones.
6. Se duerme bien. [o] No se duerme bien.

## El rincón de los lectores

### Antes de empezar, dime…

Ideas del autor

| | |
|---|---|
| 1. F | 4. F |
| 2. F | 5. C |
| 3. C | |

Y ahora, dime…

1. b          4. c
2. a          5. c
3. a

# Práctica de comprensión auditiva

## PASO 1

**A. Palabras.**

1. b          3. c
2. a          4. b

**B. Noticiero Capital.**

1. C          3. C
2. F          4. F

**C. En el aeropuerto.**

1. C          4. C
2. C          5. F
3. F

**D. El partido de fútbol.**

1. b          4. c
2. c          5. b
3. a

## PASO 2

**E. Palabras.**

1. c          3. a
2. c          4. c

**F. Noticiero.**

1. a          3. b
2. c          4. a

**G. El examen.**

1. llegué          4. comencé
2. llegó           5. saqué
3. Comenzó

**H. Un domingo muy agradable.**

1. leímos          4. Llegué
2. jugué           5. ofrecí
3. empecé

## PASO 3

**I. Palabras.**

1. c          3. a
2. c          4. b

**J. Definiciones.**

1. a          3. c
2. b          4. a

**K. ¿Quién fue?**

1. estar          4. decir
2. hacer          5. estar
3. estar

Nombre: Abraham Lincoln

**L. ¡Qué sorpresa!**

1. Fueron          4. hice
2. dijiste         5. Estuvimos
3. hizo

**M. En la residencia.**

1. a          4. b
2. b          5. a
3. a

**N. Lo siento mucho.**

1. no se alquilan          4. no se preparan
2. no se reparan           5. no se compran
3. no se busca

## Pronunciación

## Acentuación

automáticamente públicamente lógicamente inútilmente

## Dictado

1. Anoche el equipo ganó el partido y celebró su maravillosa victoria con regalos que recibieron del gobierno. //
2. La ruta que pasa por el lago y el volcán es espectacular. //
3. Los testigos gritaron cuando, durante el juicio, el acusado disparó y asesinó al juez. //

# CAPÍTULO 7

# Práctica escrita

## PASO 1

**A. Sinónimos.**

1. b          4. c
2. e          5. d
3. a

**B. Diccionario.**

1. cita          4. juntos
2. puntual       5. vela
3. cortés

**C. Te gusta la ópera, ¿verdad?**

1. Sí, los compro con frecuencia.
2. Sí, la conozco muy bien.
3. Sí, la leo todos los meses.
4. Sí, las veo siempre.
5. Sí, los escucho a veces.
6. Sí, te acompaño con mucho gusto.

**D. ¡Qué negativo!**
1. Yo nunca lo leo.
2. Yo nunca los miro.
3. Mis padres nunca me llaman.
4. Yo nunca la escucho.
5. Yo nunca los compro.

**E. ¡Qué bonita familia!**
1. hacen          5. oye
2. traen          6. digo
3. pongo          7. vienen
4. dice

**F. Mi vida en Bogotá.**
1. Hago cosas interesantes.
2. Oigo música colombiana todos los días.
3. Pongo la televisión para escuchar las noticias de los EE.UU.
4. Digo muchas cosas en español ahora.
5. Salgo con los chicos de la familia.

## PASO 2

**G. Antónimos.**
1. d          4. b
2. c          5. a
3. e

**H. Significa lo mismo.**
1. a          4. c
2. b          5. a
3. a

**I. ¡Qué grandeza!**
1. sigo          4. vestimos
2. digo          5. dice
3. sirve          6. pido

**J. ¡Somos diferentes!**
1. sirvo, sirve, sirven
2. pido, pide, piden
3. digo, dice, dicen

## PASO 3

**K. Examen.**
1. seguro          4. playa
2. ignorar          5. granito
3. sorprender

**L. ¿Sinónimo o antónimo?**
1. A          4. A
2. S          5. A
3. S

**M. ¿Qué opinas?**
1. Lo (La) amo. / Lo (La) respeto.
2. Los tolero. / Los detesto.
3. Lo (La) admiro. / Lo (La) tolero.
4. Las adoro. / Las odio.
5. La tolero. / La odio.

**N. ¿Me quiere o no me quiere?**
*Answers will vary.*

**O. ¡Pero no la conozco!**
1. No la conozco.          4. No la sé.
2. No lo sé.          5. No lo conozco.
3. No los conozco.

**P. ¡A estudiar!**
1. sé          5. conocen
2. conozco          6. sé
3. conocen          7. Sabes
4. saben          8. conocer

# Práctica de comprensión auditiva
## PASO 1

**A. Palabras.**
1. c          3. c
2. b          4. b

**B. ¿Quieres salir conmigo?**
1. c          4. b
2. d          5. a
3. a

**C. Problemas sentimentales.**
1. a          4. c
2. c          5. d
3. d

**D. Es muy positivo.**
1. lo          4. te
2. la          5. las
3. los, los

**E. Flores.**
1. él          4. yo
2. nosotros          5. ellas
3. ellas

**F. ¡Viene el novio!**
1. Paco          4. Papá
2. Isabel          5. Roberto
3. Mamá          6. Paco

## PASO 2

**G. Palabras.**
1. b          3. c
2. b          4. a

**H. ¿Quieres salir?**
1. F
2. C
3. F
4. C

**I. ¡Celebración!**
1. d
2. b
3. a
4. c

**J. A dieta.**
1. digo
2. Sigo
3. sirven
4. pido
5. repito
6. consigues

## PASO 3

**K. Palabras.**
1. b
2. b
3. c
4. b

**L. Radio Caracol.**
1. d
2. b
3. c
4. b

**M. Están equivocados.**
1. c
2. c
3. a
4. b
5. b

**N. Amar es sufrir.**
1. la
2. te
3. las
4. te
5. te, la

**O. ¡Qué tonto!**
1. sé
2. conozco
3. sé
4. conozco
5. sé

**P. ¡Qué suerte!**
1. conoce
2. sabe
3. sabe
4. conoce
5. sabe

## Pronunciación

## Acentuación

impresionar puntual familiares guapo vuelta sabía continua sonreír tía

## Dictado

1. Las esmeraldas atraen a muchos turistas a Colombia.
2. Para conocer parte de la historia de Colombia, hay que visitar el Museo del Oro.
3. Algunos colombianos y colombianas disfrutan de las corridas de toros.

# CAPÍTULO 8
# Práctica escrita
## PASO 1

**A. Clasificación.**
**fruta:** plátano, manzana
**carne:** carne de res, carne de puerco
**marisco:** langosta, cangrejo
**verdura:** lechuga, zanahoria
**ave:** pollo, pavo
**bebidas:** vino blanco, vino tinto

**B. Asociaciones.**
1. a
2. c
3. c
4. c
5. c

**C. En casa de la abuela.**
1. Ahora les sirvo unos calamares.
2. Ahora le preparo un café.
3. Ahora te sirvo un helado.
4. Ahora te hago un té helado.
5. Ahora les preparo pescado.

**D. Regalos para los abuelos.**
1. Mis hijas le compraron unos guantes a mi mamá.
2. Mi hijo le regaló una botella de vino a mi papá.
3. Mi esposa les hizo un pastel a los abuelos.
4. Yo le compré una cesta de fruta a mi papá.
5. Mi esposa y yo les regalamos un viaje a Puerto Montt a los dos.

**E. ¿Qué te gusta?**
1. Sí, me gusta el cóctel de mariscos. [o]
   No, no me gusta el cóctel de mariscos.
   Sí, me gusta el surtido de quesos [o]
   No, no me gusta el surtido de quesos.
2. Sí, me gustan los camarones al ajillo. [o]
   No, no me gustan los camarones al ajillo.
   Sí, me gusta la langosta. [o]
   No, no me gusta la langosta.
3. Sí, me gusta el vino blanco chileno. [o]
   No, no me gusta el vino blanco chileno.
   Sí, me gusta la cerveza importada. [o]
   No, no me gusta la cerveza importada.
4. Sí, me gustan las fresas frescas. [o]
   No, no me gustan las fresas frescas.
   Sí, me gusta el cóctel de frutas frescas. [o]
   No, no me gusta el cóctel de frutas frescas.

**F. ¡Gustos y preferencias!**
1. A mí me gustan los mariscos.
2. A mi mamá le gusta la comida chilena.
3. A mis hermanos les gusta la sopa.
4. A mi papá no le gusta la langosta.
5. A todos nosotros nos gustan los postres.

## PASO 2

### G. Condimentos, comidas y bebidas.
1. d
2. e
3. c
4. b
5. a

### H. Examen.
1. cuchillo
2. copa
3. servilleta
4. mozo
5. ensalada

### I. Un mozo olvidadizo.
1. se los traigo.
2. se las traigo.
3. se lo traigo.
4. se las traigo.
5. se la traigo.
6. se los traigo.

### J. ¡Qué servicio!
1. Nos lo puede servir con el postre, por favor. / Puede servírnoslo con el postre, por favor.
2. Me lo puede servir en unos minutos, por favor. / Puede servírmelo en unos minutos, por favor.
3. Nos lo puede servir más tarde, por favor. / Puede servírnoslo más tarde, por favor.
4. Nos lo puede traer con los entremeses, por favor. / Puede traérnoslo con los entremeses, por favor.
5. Me la puede traer con la comida, por favor. / Puede traérmela con la comida, por favor.

### K. Calamares en marcha.
1. Roberto me lo pasa a mí.
2. Yo se lo paso a Susana.
3. Susana se lo pasa a sus hermanos.
4. Sus hermanos se lo pasan a sus tíos.
5. Sus tíos te lo pasan a ti.
6. Tú me lo pasas a mí otra vez.

## PASO 3

### L. Crucigrama.

### M. ¡Imposible!
1. No, la comida no es cara.
2. No, el café no está frío.
3. No, los clientes no están furiosos.
4. No, el restaurante no está muy lejos del centro.
5. No, los camareros no son antipáticos.

### N. ¿Sabías que… ?
1. son
2. son
3. es
4. es
5. está
6. está
7. están

### O. ¡Feliz cumpleaños!
1. Mi hermanito me da un DVD.
2. Mis abuelos me dan una cena en mi restaurante favorito.
3. Mi mamá me da una camisa.
4. Mi hermanito me dio un libro interesantísimo.
5. Mis abuelos me dieron mi perfume favorito.
6. Yo les di las gracias a todos.

## El rincón de los lectores

### Anter de empezar, dime…

olores 4, antiguo 1, organización 3, moderno 1, relación 2

### Y ahora, dime…
1. c
2. c
3. a
4. b
5. a
6. c

## Práctica de comprensión auditiva

### PASO 1

**A. Palabras.**
1. c
2. b
3. c
4. a

**B. En el Canto del Agua.**
1. c
2. b
3. b
4. a

**C. ¿A quién?**
1. a mí
2. a ti
3. a nosotros
4. a ustedes
5. a mí

**D. La Empanada Clásica.**
1. nos
2. te
3. Te
4. Nos
5. Te

**E. ¡Correcto!**
1. Le gusta
2. Les gustan
3. Les gusta
4. Te gustan
5. Me gusta

**F. ¡No come carne!**
1. me gustan.
2. me gusta.
3. no me gusta.
4. me gustan.
5. no me gusta.

### PASO 2

**G. Palabras.**
1. c
2. b
3. c
4. c

**H. Otra vez en Canto del Agua.**
1. C
2. C
3. F
4. F
5. C

**I. Demasiados invitados.**
1. a
2. c
3. b
4. b
5. c

**J. ¿Quién compró estas cosas?**
1. se las
2. se lo
3. se los
4. nos los
5. te la
6. te los

### PASO 3

**K. Palabras.**
1. b
2. c
3. a
4. c

**L. ¡Delicioso!**
1. F
2. C
3. C
4. F
5. F

**M. ¡Todo está mal!**
1. es
2. es
3. está
4. está
5. está
6. están

**N. Un nuevo restaurante.**
1. F
2. F
3. C
4. C
5. C

**O. Regalos de Navidad.**
1. doy
2. damos
3. dan
4. da
5. das

**P. El 26 de diciembre.**
1. Le di
2. Les dieron
3. Me dieron
4. Le di
5. Te di

### Dictado

1. Chile se encuentra en el extremo suroeste de Sudamérica, y tiene más de 5800 islas e islotes.
2. Actualmente este país se encuentra entre los mayores exportadores de salmón, ocupando el segundo lugar en el mundo.
3. Chile tiene más de 15 millones de habitantes, de los que un 6% son indígenas.

## CAPÍTULO 9

## Práctica escrita

### PASO 1

**A. El tiempo.**
1. e
2. c
3. a
4. d
5. b

**B. Pronóstico meteorológico.**
1. al aire libre
2. chimenea
3. empapado
4. Pascua Florida
5. ficticio

**C. ¿Qué debemos llevar?**
1. a
2. a
3. b
4. c
5. b

**D. ¡El clima!**
1. a
2. b
3. c
4. c
5. c

**E. ¿Cómo estás?**
1. Sí, estudio mucho.
2. Sí, tengo muchas tareas difíciles.
3. No, no tengo mucho dinero.
4. No, duermo pocas horas.
5. Sí, hace mucho frío.

**F. ¡La primavera!**
1. mucho
2. muchas
3. muchos
4. poco
5. mucho
6. mucha

## PASO 2

**G. Asociaciones.**
1. silla: sentarse
2. chamarra: ponerse
3. guantes: quitarse
4. pantalones: vestirse
5. medianoche: acostarse

**H. Sinónimos.**
1. e
2. c
3. b
4. d
5. f
6. a

**I. ¡Otra universidad!**
1. se llaman
2. nos divertimos
3. levantarme
4. nos acostamos
5. nos ponemos
6. despertarnos
7. nos quedamos
8. me divierto
9. te duermes

**J. ¡Tanto ruido!**
1. Laura canta cuando se baña.
2. Alicia se ducha por veinte minutos.
3. Hay muchachos que se divierten en el pasillo.
4. Mis compañeras se visten para salir.
5. Yo me despierto con todo el ruido que hacen los otros estudiantes.

**K. Un solo baño.**
1. Yo me baño a las siete y veinte de la mañana.
2. Eduardo y Raúl se lavan los dientes rápidamente.
3. Pepe se afeita en dos minutos.
4. Yo me peino en medio minuto.
5. Todos nosotros nos vestimos rápidamente.

## PASO 3

**L. Asociaciones.**
1. b
2. e
3. d
4. c
5. a

**M. De compras en el centro.**
1. pastelería
2. librería
3. carnicería
4. farmacia
5. zapatería

**N. ¿Dónde está?**
1. Sal
2. sigue
3. dobla
4. camina
5. Toma
6. sube
7. Mira

**O. ¡A organizarse!**
1. Haz la tarea todos los días.
2. Acuéstate temprano.
3. Quédate más tiempo en la biblioteca.
4. Pon atención durante las clases.
5. Sal y diviértete un poco todas las semanas.

# Práctica de comprensión auditiva

## PASO 1

**A. Palabras.**
1. b
2. c
3. b
4. b

**B. ¡Qué buen pronóstico!**
Hoy: no hay nubes, 35 a 37° C, poco viento, no va a llover
**El resto de la semana:** nublado, 35 a 37° C, poco viento, posibilidad de lluvia

**C. El informe del tiempo.**
1. c
2. b
3. b
4. a
5. a

**D. ¿Conoces tu país?**
1. F
2. C
3. F
4. F
5. F

**E. Consecuencias del clima.**
1. b
2. a
3. a
4. a
5. a

## PASO 2

**F. Palabras.**
1. a
2. c
3. a
4. c

**G. Desesperada.**
1. D
2. D
3. D
4. E
5. D
6. E
7. D
8. D
9. E
10. D

**H. Conversaciones en la universidad.**
1. b
2. b
3. a
4. c
5. c

## PASO 3

**I. Palabras.**
1. b
2. c
3. a
4. c

**J. ¿Cómo llego?**

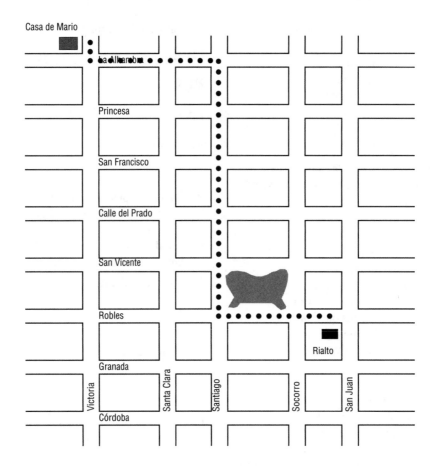

**K. Problemas y soluciones.**

1. Lee
2. Escribe
3. Escucha
4. Aprende
5. Ve

**L. Del pensamiento al acto.**

1. haz
2. ve
3. báñate
4. ven
5. vístete

## Pronunciación

## Acentuación

1. Panamá
2. Montevideo
3. Alarcón
4. adiós

5. inglés
6. Bárbara
7. Haití
8. inteligente
9. después
10. Perú

## Dictado

1. En todo el suroeste de los Estados Unidos se ve una profunda influencia hispánica, notable en los nombres de estados, ciudades, calles, ríos y montañas.
2. Los hispanos ya establecidos en el país son ahora una parte integral de la cultura estadounidense.
3. Cada vez más en los Estados Unidos se ve que los hispanos son una fuerza potente y vital.

# CAPÍTULO 10

# Práctica escrita

## PASO 1

**A. ¡Auxilio!**
1. d
2. e
3. a
4. b
5. c

**B. Descripciones.**
1. S
2. A
3. A
4. S
5. A

**C. Las esperanzas de unos padres nicaragüenses.**
1. trabaje
2. regrese
3. me case
4. estudie
5. me gradúe

**D. ¿Qué prefiere Oreste?**
1. Yo prefiero que mis padres me visiten.
2. Yo sugiero que mi madre me llame por teléfono.
3. Insisto en que mis hermanos me escriban.
4. Quiero que mi madre venga a visitarme.
5. Sugiero que mis padres me hagan una comida especial.

**E. ¡Consejos!**
1. Recomiendo que no bebas alcohol.
2. Insisto en que no uses drogas.
3. Sugiero que vivas en la residencia el primer año.
4. Aconsejo que estudies cuatro horas diarias.
5. Recomiendo que hables con los profesores en sus oficinas.

**F. Para adaptarse a la universidad.**
1. Recomendamos que participen en todos los aspectos de la vida universitaria.
2. Sugerimos que estudien todos los días, no solo antes del examen.
3. Aconsejamos que no se enamoren el primer semestre.
4. Recomendamos que no miren mucho la televisión.
5. Sugerimos que hagan ejercicio con regularidad.

**G. Consejos generales.**
1. NA
2. A
3. A
4. A
5. A
6. NA
7. A

## PASO 2

**H. Palabras relacionadas.**
1. grave
2. caminar
3. llanta
4. señal
5. afueras

**I. Antónimos o sinónimos.**
1. S
2. S
3. A
4. A
5. A

**J. El amigo herido.**
a. 5
b. 1
c. 3
d. 2
e. 4
f. 6

**K. ¿Qué pasó?**
1. decidimos
2. pudimos
3. anduvimos
4. dijo
5. tuvimos
6. me acosté
7. se acostaron
8. vino
9. tuve

**L. ¿Está bien?**
1. Vine a las 3:00 A.M.
2. Estuve en una fiesta.
3. No pude.
4. No, un amigo me trajo.
5. Tuve que entrar por la ventana.

**M. ¡Mentira!**
1. d
2. a
3. e
4. b
5. c

**N. ¡Salto mortal!**
1. No, nadie me enseñó a manejar.
2. No, nunca tuve ningún accidente.
3. No, no llevo ningún amuleto.
4. No, la policía nunca me dio ni una multa ni una advertencia.
5. No, nunca tengo miedo.

## PASO 3

**O. ¡Qué cosas!**
1. e
2. a
3. d
4. b
5. c

**P. Palabras relacionadas.**
1. estatua
2. sandinista
3. herido
4. día
5. miedo

**Q. ¡El Grupo Teatral Cadejo!**
1. La policía persiguió a los ladrones en bicicleta.
2. Los ladrones se vistieron de Lex Luther y el Barón Rojo.
3. El actor le pidió ayuda al público.
4. La gente se rió muchísimo con el espectáculo.
5. Los actores y el público se divirtieron toda la noche.

**R. ¡Gracias al perro guardián!**
1. se durmieron
2. oyeron
3. pidió
4. se murieron
5. persiguió y capturó
6. despidió

**S. Un anuncio comercial.**
1. fueron
2. siguieron
3. sintió
4. vieron
5. persiguieron
6. fue
7. se escapó
8. se resolvieron
9. llamaron

## El rincón de los lectores

### Lo que los autores piensan

1. la violencia
2. las guerras, la política y los intereses económicos
3. solución: erradicarla debe ser una misión obligatoria de cualquier gobierno

# Práctica de comprensión auditiva

## PASO 1

**A. Palabras.**
1. a
2. c
3. a
4. b

**B. Para la buena salud.**
1. bueno
2. bueno
3. bueno
4. malo
5. bueno

**C. ¡Cuídate!**
1. a
2. b
3. c
4. a
5. c

**D. Un entrenador muy exigente.**
1. tomen
2. desayunen
3. hagan
4. salgan
5. fumen
6. vengan

**E. ¡Anímate!**
1. b
2. b
3. c
4. c
5. a

**F. ¡Sí, doctora!**
1. c
2. a
3. c
4. c
5. a

## PASO 2

**G. Palabras.**
1. a
2. c
3. a
4. c

**H. Más palabras.**
1. b
2. b
3. c
4. a

**I. ¡Una mala aventura!**
1. salimos
2. puse
3. quiso
4. anduvo
5. trajo
6. pudimos

**J. ¡Fue terrible!**
1. F
2. C
3. C
4. F
5. C

**K. Somos unos angelitos.**
1. Nunca
2. Nadie
3. Ninguno
4. nada
5. nadie

**L. Preparaciones para la fiesta.**
1. alguna vez
2. Alguien
3. algún
4. algún
5. algunos

## PASO 3

**M. Palabras.**
1. a
2. b
3. b
4. c

**N. ¡Otro delito!**
1. F
2. C
3. F
4. C
5. F

**O. ¡Ladrón!**
1. F
2. C
3. F
4. C
5. F

**P. Robin Hood.**
1. murió
2. consiguió
3. persiguieron
4. se rieron
5. se vistió

**Q. Programa de televisión.**
1. el esposo
2. el esposo
3. el esposo
4. el esposo
5. la esposa
6. la esposa

### Pronunciación

1. c
2. b
3. e
4. d
5. a

### Acentuación

1. champú; rule **a**
2. béisbol; rule **b**
3. cliquear
4. penalti
5. jonrón; rule **a**

### Dictado

1. Una de las grandes preocupaciones entre los jóvenes es la violencia que abunda en todos los niveles de la sociedad.

2. La violencia puede ocurrir tanto en los campos de batalla como en campos deportivos.
3. Sabemos que la violencia no solo se manifiesta físicamente sino también psicológicamente.

# CAPÍTULO 11
## Práctica escrita
### PASO 1

**A. Acciones.**
1. d          4. a
2. e          5. c
3. b

**B. La palabra intrusa.**
1. ginecología     4. tamaño
2. ejército        5. escolar
3. universidad

**C. ¡Ah, niñez encantadora!**
1. Visitaba a mis abuelos. [o] No visitaba a mis abuelos.
2. Odiaba la sopa. [o] No odiaba la sopa.
3. Jugaba con pistolas. [o] Jugaba con muñecas. [o] No jugaba con pistolas. [o] No jugaba con muñecas.
4. Tenía un amigo invisible. [o] No tenía un amigo invisible.
5. Me gustaba la escuela. [o] No me gustaba la escuela.

**D. ¡Qué vida!**
1. tenía              7. almorzábamos
2. nos levantábamos   8. comía
3. desayunábamos      9. tenía
4. salíamos          10. trabajaban
5. jugábamos         11. nos reuníamos
6. gustaba

**E. ¡Cuarto grado!**
1. Antes bebía refrescos.
2. Antes quería una bicicleta nueva.
3. Antes vivía con mis padres en una casa.
4. Antes obtenía malas notas.
5. Antes miraba los programas infantiles.

**F. El invierno.**
1. llevaban       6. subía
2. me sentía      7. bajaba
3. jugaba         8. se divertía
4. llegábamos     9. estaba
5. hacíamos

**G. ¡No eras así!**
1. De niño leías libros de aventuras todos los días.
2. De niño ibas al cine todas las semanas.
3. De niño eras un poco perezoso.
4. De niño hacías deportes todos los días.
5. De niño veías televisión todas las noches.

**H. ¡Marcianos!**
1. era          5. eran
2. quería       6. íbamos
3. iba          7. vencían
4. veía         8. éramos

### PASO 2

**I. Asociaciones.**
1. c          5. a
2. e          6. f
3. b          7. d
4. g

**J. Explicaciones.**
1. b          4. a
2. b          5. a
3. b

**K. ¡Cuentos de hadas!**
1. dormía, la despertó
2. bailaba, estaban, sonaron, se escapaba, perdió
3. iba, vio, le preguntó, vivía
4. trató, estaba
5. cantaba, limpiaba

**L. Mi abuela.**
1. estudiaba      7. hacía
2. llamó          8. preparaba
3. Eran           9. vendía
4. hablamos      10. tenía
5. recordé       11. regalé
6. permitía      12. puso

**M. ¡Feliz cumpleaños, Cristóbal!**
1. era             9. invitaron
2. celebraba      10. salimos
3. invitaban      11. estaba
4. traían         12. dormimos
5. jugábamos      13. nos divertimos
6. comíamos       14. sirvió
7. dijeron        15. Fue
8. iba

**N. Cambios.**
1. era          7. era
2. tuve         8. llegué
3. fui          9. vi
4. enseñaron   10. era
5. aprendí     11. parecía
6. decían      12. estaba

### PASO 3

**O. ¡Caramba!**
1. gratis        4. maratón
2. postal        5. zoológico
3. hacer la cama

**P. Palabras en familia.**
1. f
2. e
3. d
4. c
5. b
6. a

**Q. ¿Preparativos?**
1. Todavía no he ido.
2. Todavía no me la han tomado.
3. Todavía no las he pagado.
4. Todavía no los he comprado.
5. Todavía no lo he reservado.

**R. Costa Rica.**
1. ha sido
2. han reconocido
3. han encontrado
4. han dicho
5. ha afectado

## El rincón de los lectores

Antes de empezar, dime…

1.& 2. Las respuesta van a variar.
3. el café

# Práctica de comprensión auditiva

## PASO 1

**A. Palabras.**
1. c
2. b
3. b
4. b

**B. Ah, los niños.**
1. F
2. F
3. C
4. C
5. F

**C. Nostalgia de la niñez.**
1. b
2. e
3. f
4. a
5. d
6. c

**D. ¡Cómo cambiamos con los años!**
1. vivía
2. trabaja
3. tenía
4. trabaja
5. quiere

**E. La escuela primaria.**
1. llamaban
2. ayudaba
3. tenía
4. salía
5. tenía
6. quería

**F. ¡Hogar, dulce hogar!**
1. lavaba
2. pagaba
3. compraban
4. cocinaba
5. limpiábamos

**G. Nos interesa el béisbol tanto como antes.**
1. íbamos
2. éramos
3. eran
4. veíamos
5. iban

**H. Trabajo social.**
1. Ibas
2. Mirabas
3. eras
4. Ibas
5. Veías

## PASO 2

**I. Palabras.**
1. b
2. b
3. c
4. b

**J. Y más excusas…**
1. a
2. c
3. b
4. c
5. b

**K. Explicaciones.**
1. no tenía ganas
2. hacía
3. estaba enfermo
4. sabía
5. era

**L. ¿Por qué no viniste?**
1. iba
2. necesitaba
3. Fui
4. debía
5. me quedé
6. Tenía

**M. ¡Maldita computadora!**
1. P
2. C
3. C
4. P
5. C
6. C
7. C
8. P

**N. Alejandro el mecánico.**
1. jugaba
2. pedía
3. gustaba
4. estudié
5. arreglaba
6. iba
7. abrí

## PASO 3

**O. Palabras.**
1. c
2. b
3. a
4. a

**P. Unas vacaciones en Costa Rica.**
1. b
2. a
3. c
4. c
5. b

**Q. ¡Qué vacaciones!**
1. ha hecho
2. ha arreglado
3. ha comprado
4. ha sacado
5. ha llevado

**R. Una vida nueva.**
1. han dejado
2. se ha puesto
3. se ha comprado
4. he vuelto
5. nos hemos hecho

### Pronunciación
1. th
2. th
3. s

### Acentuación
1. Estoy en mi casa solo, y no sé qué hacer.
2. Y tú, ¿tienes dinero para mí?
3. El saber es una cosa importante, sí. Pero, ¿qué me dices del aprender?

### Dictado
1. El sistema de gobierno y la constitución de Costa Rica son algunos de los aspectos que la hacen muy diferente de otros países hispanos y de los Estados Unidos.
2. En 1987, el entonces presidente de Costa Rica, el señor Óscar Arias Sánchez, ganó el Premio Nobel de la Paz.
3. El nuevo presidente de Costa Rica indicó su compromiso contra la corrupción, a favor de los marginados y de aquellos que no tienen esperanza.

# CAPÍTULO 12
# Práctica escrita
## PASO 1

**A. Asociaciones.**
1. e
2. d
3. c
4. b
5. a

**B. No pega.**
1. espectáculo
2. soroche
3. próximo
4. peligro
5. arriba

**C. ¿Qué vas a hacer?**
1. Sí, tomaremos unas vacaciones para celebrar. [o] No, no tomaremos unas vacaciones para celebrar.
2. Sí, empezaré a trabajar enseguida después de la graduación. [o] No, no empezaré a trabajar enseguida después de la graduación.
3. Sí, viviré con mis padres por un tiempo. [o] No, no viviré con mis padres por un tiempo.
4. Sí, mis padres me ayudarán económicamente si no encuentro trabajo. [o] No, mis padres no me ayudarán económicamente si no encuentro trabajo.
5. Sí, asistiré a clases para graduados después de trabajar un tiempo. [o] No, no asistiré a clases para graduados después de trabajar un tiempo.

**D. ¡Sueños!**
1. iré
2. conoceré
3. me traerán
4. me sentiré
5. caminaremos
6. sacaremos
7. comprará
8. conversaré
9. Nos divertiremos

**E. ¡¿Cuarenta años?!**
1. querré descansar
2. saldré con mi esposo/esposa
3. podré comprar langosta
4. valdrán mucho más
5. tampoco haré mi cama [o] no haré mi cama tampoco

**F. ¿Qué pasará?**
1. sabré
2. pondré
3. Les diré
4. me iré
5. podrán
6. les daré
7. querrá
8. habrá
9. seré

## PASO 2

**G. Sinónimos o antónimos.**
1. S
2. S
3. A
4. A
5. A

**H. Cosas y personas.**
1. e
2. a
3. d
4. b
5. c

**I. Asociaciones.**
1. e
2. d
3. a
4. c
5. b

**J. ¡Último día!**
1. Yo estaría contentísimo(a).
2. Mis padres harían una fiesta grande.
3. Mis abuelos me regalarían algo especial.
4. Yo buscaría trabajo.
5. Tendría que empezar a pagar los préstamos.

**K. ¡Responsabilidades!**
1. Mi amiga compraría los billetes.
2. Nosotros dos empacaríamos las maletas.
3. Yo reservaría un carro.
4. Mi amiga haría las reservaciones del hotel.
5. Nosotros dos haríamos las compras para el viaje.

**L. ¡Mi mundo ideal!**
1. cambiaría
2. estarían
3. habría
4. invertirían
5. estaría
6. habría
7. respetarían
8. sería

## PASO 3

**M. Asociaciones.**
1. g
2. f
3. e
4. b
5. c
6. d
7. a

**N. Crucigrama.**

| Horizontal | Vertical |
|---|---|
| 1. jornada | 2. olvidar |
| 5. varón | 3. alojarse |
| 6. pasta | 4. pasaporte |
| 7. sido | 8. cepillo |
| 10. pierde | 9. origen |
| 11. sol | 11. siglo |
| 13. Ve | 12. bolso |
| 14. en | 13. vejez |
| 15. regalo | |

**O. ¡Cuidado con los osos!**
1. Si un oso se acerca, no le des comida.
2. Si el oso está cerca del carro, no salgas.
3. Si ves algunos ositos, no juegues con ellos.
4. Si el oso te persigue, no trepes un árbol.
5. Si el oso está cerca de ti, no finjas que estás muerta.

**P. ¡Más consejos!**
1. No dejes comida en la tienda de campaña.
2. No hagas ruido por la noche.
3. Apaga el fuego completamente antes de dormirte.
4. Limpia el campamento al irte.
5. No camines sola por la noche.
6. Ten un mapa de la región.

### El rincón de los lectores

Antes de empezar, dime…

1. A
2. D
3. A
4. D
5. D

# Práctica de comprensión auditiva

## PASO 1

**A. Palabras.**
1. a
2. b
3. c
4. b

**B. Planes para una fiesta.**
1. Quiere hacer una fiesta de bienvenida.
2. La fiesta es para los padres de Teresa (Olga y Enrique).
3. Va a estar cansado de la comida peruana.
4. Pedirá / Va a pedir una torta.
5. Hará / Va a hacer unos entremeses especiales.

**C. ¡Fama y dinero!**
1. me graduaré
2. Pasaré
3. casaremos
4. trabajará
5. compraremos
6. visitarán

**D. Planes.**
1. c
2. a
3. a
4. b
5. c

**E. Tranquilízate.**
1. vendrá
2. la hará
3. saldré (a comprarlos)
4. vendrán (a verte)
5. te lo dirá

**F. La cena del año.**
1. tendrá tiempo
2. podrá ordenar
3. vendrán
4. pondrá la mesa
5. saldrá

## PASO 2

**G. Palabras.**
1. b
2. a
3. b
4. c

**H. ¡Quejas!**
1. a
2. c
3. b
4. a

**I. ¡Lotería!**
1. tomaría; Haría
2. viajaría; Pondría
3. dejaría; trabajaría
4. invertiría; sería
5. compartiría; tendría
6. firmaría; compraría

**J. Conversando a la hora del almuerzo.**
1. b
2. e
3. a
4. c
5. d

## PASO 3

**K. Palabras.**
1. c
2. a
3. a
4. b

**L. Unas vacaciones ´«fenomenales».**
1. b
2. a
3. c
4. c
5. b

**M. ¿Podrías decirme… ?**

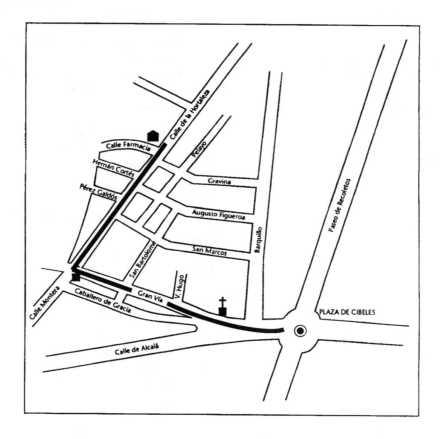

**N. Empacando.**

1. b          3. b
2. a          4. a

### Dictado

1. La sociedad incaica estaba dividida en cuatro clases: los gobernantes, los nobles, la gente común y los esclavos.
2. Perú tiene tres lenguas oficiales: el español, el quechua y el aimará.
3. Machu Picchu es una joya arqueológica considerada Patrimonio de la Humanidad.

# CAPÍTULO 13

# Práctica escrita

## PASO 1

**A. ¿Cómo están?**

1. a          4. b
2. b          5. b
3. a

**B. Asociaciones.**

1. d          4. e
2. c          5. b
3. a

**C. La ilusión del viaje.**

1. tengan          4. suban
2. visiten          5. vayan
3. tomen

**D. ¿Qué prefiere Amaya?**

1. me visiten en Bolivia
2. me llame por teléfono
3. me escriban
4. me compre ropa
5. me hagas una comida de despedida

## PASO 2

**E. El cuerpo humano.**

1. a          5. a
2. b          6. b
3. a          7. a
4. b          8. a

**F. Un cuerpo escondido.**

*Horizontales:* oído, tobillo, brazo, cuerpo, boca, piel, nariz, ojo, pelo, mano
*Verticales:* diente, hombro, cabeza, pie, rodilla, pecho
*Diagonales:* dedo, pierna

**G. ¡El Club Caribe!**

1. Cambien su imagen en nuestro club.
2. Bailen al ritmo de la música.
3. Naden en nuestra piscina olímpica.

4. Vengan a consultar con nuestros especialistas.
5. Llámennos ahora mismo.

### H. ¡Qué coincidencia!
1. Aprenda a bailar con nosotros.
2. Haga ejercicios aeróbicos con nosotros todos los días.
3. Venga una, dos, tres veces a la semana o más, si quiere.
4. Consulte con nuestros especialistas.
5. Use nuestro *jacuzzi*.

### I. Un nuevo socio.
1. Sí, complete este formulario.
2. Lleve ropa cómoda.
3. No, no se pese cada vez.
4. No, no se ponga a dieta.
5. Vuelva en dos días.

### J. ¡Ojalá!
1. sepa            4. den
2. sean            5. vaya
3. haya

### K. ¿Qué prefieres?
1. prefiero, sepa       4. preferimos, haya
2. prefieren, esté      5. prefiero, dé
3. prefieren, vaya

## PASO 3

### L. Palabras.
1. e            5. d
2. c            6. b
3. f            7. g
4. a

### M. Molidos.
1. ataque al corazón
2. Es cierto
3. Me alegro
4. perderme
5. tomar un descanso

### N. ¡Ciclismo!
1. quieras          4. conozcas
2. sea              5. puedas
3. tengas

### O. ¿Fútbol?
1. hayan            4. pase
2. se dedique       5. gane
3. decida           6. pueda

### P. ¡Las Olimpiadas!
1. Es triste que algunos jugadores usen drogas.
2. No es verdad que los atletas de Bolivia sean superiores a todos los otros equipos.
3. Es verdad que hay peligro de terrorismo en los Juegos Olímpicos.
4. Es ridículo que algunos jugadores reciban toda la atención.
5. Es posible que el fútbol americano sea uno de los deportes más populares.

### Q. ¡Deportes y estudios!
1. Es improbable que este requisito sea…
2. Es importante que nuestra universidad gaste…
3. Es ridículo que todos los estudiantes de las residencias participen (deban participar)…
4. Es cierto que los deportes competitivos son…
5. Es justo que la universidad les pague (deba pagarles)…

## El rincón de los lectores

Y ahora, dime…
*Answers will vary.*

# Práctica de comprensión auditiva
## PASO 1

### A. Palabras.
1. a            3. a
2. b            4. c

### B. Para la buena salud.
1. apropiado        4. negativo
2. negativo         5. apropiado
3. negativo

### C. ¡Cuídate!
1. c            4. b
2. b            5. a
3. c

### D. Un entrenador muy exigente.
1. tomes            4. sean
2. formes           5. hables
3. pienses          6. tengas

## PASO 2

### E. Palabras.
1. b            3. c
2. c            4. b

### F. ¡Vamos, arriba!
1. b            4. b
2. a            5. a
3. a

### G. Teleadicto.
1. abra             4. camine
2. Ponga            5. Coma
3. use              6. duerma

### H. Dar su sangre.
1. Espere           4. Descanse
2. Abra y cierre    5. Tome
3. Ponga

### I. Deseándole suerte.
1. sepa             4. vaya
2. esté             5. puedan
3. den

**J. Preocupado por su salud.**
1. sea
2. esté
3. dé
4. sepa
5. vaya

## PASO 3

**K. Palabras.**
1. c
2. a
3. b
4. b

**L. ¿Qué hacemos el sábado?**
1. c
2. a
3. b
4. c
5. a

**M. ¡Pobrecito!**
1. tenga
2. esté
3. pueda
4. empiece
5. venga

**N. ¡Estoy muerta!**
1. C
2. C
3. C
4. F
5. C

**O. ¡Fanáticos de estar en forma!**
1. son
2. corren
3. pasen
4. hagan
5. coma

**P. No necesitas bajar de peso.**
1. C
2. F
3. C
4. F
5. C

### Dictado

1. Junto con Paraguay, Bolivia es uno de los dos países americanos que no tiene costas.
2. En cuanto a extensión, Bolivia es el quinto país de América del Sur.
3. Las artesanías populares bolivianas encuentran su máxima expresión en atractivas mantas y tejidos, juguetes, cerámicas y máscaras de gran colorido, así como en delicados trabajos de plata.

# CAPÍTULO 14

# Práctica escrita

## PASO 1

**A. ¿Quiénes son?**
1. perlas
2. saludable
3. árbitro
4. lucha libre
5. esquí

**B. Asociaciones deportivas.**
1. f
2. a
3. b
4. d
5. c
6. e

**C. Este partido va a ser un desastre.**
1. No creo que estén en forma.
2. No estoy seguro de que tenga jugadores tan malos.
3. No pienso que esté entusiasmada.
4. Dudo que sea el mejor.
5. Dudo que sea tan bueno.

**D. Locamente enamorado.**
1. Es improbable que Marcela piense en ti constantemente.
2. No es nada evidente que quiera salir contigo.
3. Es absurdo que te mire durante la clase de ciencias políticas.
4. No es cierto que no haya otro hombre en su vida.
5. Estoy seguro de que tiene novio.

## PASO 2

**E. ¿Quiénes son?**
1. artes marciales
2. bateadoras
3. contrató
4. maratón
5. becas

**F. Asociaciones deportivas.**
1. a
2. e
3. b
4. d
5. c

**G. ¡Qué futuro!**
1. Los padres buscan un(a) instructor(a) que tenga experiencia con niños.
2. Los niños necesitan gente que no los presione.
3. Los niños desean tener unas canchas que estén en óptimas condiciones.
4. El equipo necesita entrenadores que sepan enseñar el juego.
5. Los niños quieren practicar un deporte que sea divertido.

**H. ¡A trabajar!**
1. Se solicitan secretarios(as) que sepan usar la computadora.
2. Se busca portero que pueda trabajar de noche.
3. Se solicita instructor(a) que explique bien la gramática.
4. Se busca tesorero que sea responsable.
5. Se necesitan camareros(as) que tengan buena presencia.

**I. ¡Descontento!**
1. Busca un empleo que pague más dinero.
2. Desea estar en un equipo de baloncesto que gane de vez en cuando.
3. Necesita estar en un equipo que practique más cerca de su apartamento.
4. Quiere compañeros de apartamento que sean amables.
5. Prefiere clases que sean más fáciles.

# PASO 3

**J. Sinónimos.**

1. e
2. d
3. a
4. c
5. b

**K. Es lógico.**

1. b
2. b
3. b
4. a
5. a

**L. ¡Graduación!**

1. d
2. a
3. e
4. b
5. c

**M. Dos meses después: ¡Pobre hombre!**

1. consigas algo.
2. no puedas pagar tus deudas ahora.
3. encuentres trabajo y empieces a ganar dinero.
4. tengas dinero para mudarte.
5. recibas tu primer cheque.

**N. ¡Todo ha cambiado!**

1. me han ofrecido
2. gane
3. sea
4. cambie
5. ahorre

## El rincón de los lectores

Antes de empezar, dime…

1. C
2. F
3. C
4. F
5. F

Y ahora, dime…

1. a
2. d
3. Rafael Nadal: tenis
   Diego Maradona: fútbol
   Fernando Valenzuela: béisbol
   Milka Duno: automovilismo

# Práctica de comprensión auditiva

## PASO 1

**A. Palabras.**

1. b
2. b
3. c
4. a

**B. Tomás el incrédulo.**

1. sean
2. sirvan
3. den
4. haga
5. pueda

**C. ¿Cómo va a salir esta fiesta?**

1. va
2. pueda
3. venga
4. va
5. pasen
6. debo

# PASO 2

**D. Palabras.**

1. b
2. b
3. c
4. c

**E. Un partido que nunca se olvidará.**

1. b
2. c
3. b
4. c
5. c

**F. Después de la universidad.**

1. C
2. F
3. C
4. F
5. C

**G. A trabajar.**

1. permita
2. permita
3. esté
4. sea
5. pueda

# PASO 3

**H. Palabras.**

1. b
2. a
3. a
4. b

**I. ¡Viene mamá a visitar!**

1. b
2. b
3. a
4. b
5. c

**J. Tengo ganas de cambiar de trabajo.**

1. F
2. C
3. F
4. C
5. F

**K. Día de limpieza.**

1. C
2. C
3. C
4. F
5. C

## Dictado

1. En Cuba existe una gran diversidad étnica y cultural entre su gente. //
2. El embargo y la caída de los gobiernos comunistas han dejado el futuro del país con un rumbo incierto. //
3. Es irónico que La Habana sea la ciudad capital latinoamericana más cercana geográficamente y la más alejada políticamente. //

# Answer Key: Actividades con el video

## CAPÍTULO 1

### Antes de ver el video

**A. A conocer a los cinco compañeros.**

| | |
|---|---|
| nervioso | *nervous* |
| resulta | *result* |
| mexicano | *Mexican* |
| espectacular | *spectacular* |
| acento | *accent* |
| grupo | *group* |
| estudio | *study* |
| universidad | *university* |
| historias | *stories* |
| proyecto | *project* |
| medicina | *medicine* |
| familia | *family* |
| naturaleza | *nature* |
| danza | *dance* |
| fotos | *photos* |
| clase | *clase* |
| banda | *band* |
| sexi | *sexy* |
| comentarios | *commentaries* |
| provocan | *provoke* |

**B. Las nacionalidades de los compañeros.**

| PAÍS | ADJETIVOS DE NACIONALIDAD |
|---|---|
| Argentina | argentino / argentina |
| Colombia | colombiano / colombiana |
| México | *mexicano / mexicana* |
| España | español / española |
| Venezuela | venezolano / venezolana |

### Al ver el video

**A.** – Javier, Argentina, argentino, medicina, hacer actividades al aire libre, viajar
  – Alejandra, Colombia, colombiana, la danza moderna, la fotografía, escuchar música y salir con amigos
  – Antonio, México, mexicano, administración de empresas,
  – Sofía, España, española, filología española, viajar, leer y escribir
  – Valeria Herrera del Castillo, Venezuela, venezolana, arte y diseño

## CAPÍTULO 2

### Al ver el video

**A.** The bedrooms are divided up in the following manner:
Bedroom 1—Alejandra and Sofía (bedroom with two beds, a closet, mirror and many windows)
Bedroom 2—Antonio and Javier (bedroom with two beds close to the bathroom)
Bedroom 3—Valeria (she wanted her own room—she loves privacy and has a lot of things) (the bedroom next to Antonio and Javier's room)

**B.** Antonio: Voy a ir a la playa.
Valeria: Voy a ir de compras.
Sofía: Voy a ir al mercado de la Plaza San José.
Alejandra: Voy a tomar muchas fotos.
Javier: Todos vamos a levantarnos temprano y a visitar muchos lugares de interés en el Viejo San Juan.

**C.** 1. A las cinco. 2. Exploran el Morro (el famoso Castillo San Felipe del Morro). 3. Van a la playa. (al Paseo de la Princesa) 4. Va de compras sola.

## CAPÍTULO 3

### Al ver el video

**Fuera de la casa: Explorando Puerto Rico por primera vez (Parte 2)**
1. Está perdida.
2. Con una persona en la calle para pedir ayuda (direcciones porque está perdida).
3. Quiere ir a la Plaza de la Rogativa para reunirse con los compañeros.
4. Sofía y Javier están explorando el Viejo San Juan—los monumentos, etc. Antonio y Alejandra están en la playa (el Paseo de la Princesa).
5. Hablan de Valeria.
6. Antonio dice que Alejandra siempre está feliz y que Valeria parece estar amargada, por alguna razón.
7. Están en la sala, sentados en la mesa del comedor. Están jugando a las cartas.
8. Porque nunca llegó a la Plaza. Y llegó tarde a la casa (sobre las siete).
9. No quería admitir la verdad que se había perdido por la ciudad.
10. Antonio y Alejandra estaban juntos y ella se siente sola.

# CAPÍTULO 4

## Antes de ver el video

**La ropa.**

| Column A | Column B | Column C | |
|---|---|---|---|
| **Spanish** | **English** | **Pronunciation** | |
| | | **Similar?** | **Different?** |
| co-**le**-gio | high school | | X |
| es-**ti**-lo | style | X | |
| san-**da**-lias | sandals | | X |
| **cri**-sis | crisis | X | |
| pro-**ble**-ma | problem | | X |
| **fút**-bol a-me-ri-**ca**-no | American football | X (football) | X (American) |
| u-ni-ver-si-**dad** | university | | X |
| co-**lo**-res | colors | | X |
| cues-**tio**-nes | questions | | X |

**¡OJO!:** colegio means high school / secondary school, NOT college.

## Al ver el video

**Los gustos sobre la ropa.**

1. S
2. Ale
3. S
4. Ale
5. S
6. Ant
7. J
8. Ale

# CAPÍTULO 5

## Antes de ver el video

**¿Quién se queda en Puerto Rico?**
totalmente, claramente; ciudad, libertad, curiosidad; excelente, suficiente

## Al ver el video

**¿Departamento o apartamento?**
__X__ un apartamento, __X__ un estudio, __X__ un baño, __X__ un cuarto, __X__ una cocina, __X__ un comedor, __X__ una oficina, __X__ un jardín

# CAPÍTULO 6

## Antes de ver el video

**¿Cuándo ocurrió?**
Order of the events: 8, 5, 3, 1, 4, 7, 2, 9, 6

## Al ver el video

**Los testimoniales de los compañeros.**
1. Valeria acerca de Antonio 2. Antonio acerca de Valeria 3. Valeria acerca de Antonio 4. Antonio acerca de Javier y Valeria 5. Alejandra acerca de Sofía 6. Sofía acerca de Antonio, Valeria y Javier 7. Javier acerca de Antonio, Alejandra, Sofía y Valeria 8. Antonio acerca de Alejandra 9. Alejandra acerca de Antonio 10. Antonio acerca de Valeria 11. Valeria acerca de Alejandra

# CAPÍTULO 7

## Antes de ver el video

**Las preguntas que hacen los compañeros.**

| | Patrón de entonación | |
|---|---|---|
| | (sí / no) | (que pide información) |
| ¿Estabas escuchando mi conversación? | X | |
| ¿Y por qué terminaron su relación? | | X |
| ¿Tuviste una mala experiencia? | X | |
| Es mejor así, ¿no crees? | X | |
| ¿Quieres hacer algo esta noche? | X | |
| ¿Qué te gustaría hacer? | | X |

## Al ver el video

**¿Más que amigos?**
César; lo, Antonio, me; amigo; inseguridad; Raquel; familia, Rubén; los; la; te

# CAPÍTULO 8

## Al ver el video

**Un plato hecho con amor.**
1. Valeria quiere preparar una cena especial porque quiere preparar algo especial para Antonio (Tony) / quiere sorprender a Antonio con una cena con un plato típico mexicano.
2. A Valeria le gusta la comida mexicana y tex-mex.
3. El plato que Valeria quiere preparar es Chiles Rellenos al Horno
4. Valeria quiere llamar a su mamá para preguntarle sobre la receta (qué significan palabras, etc.).
5. Valeria tiene muchas preguntas sobre las palabras (ej. desvenados), los ingredientes (ej. qué tipo de queso) y cómo seguir las instrucciones.
6. Valeria y Alejandra compran los ingredientes en un mercado.
7. La cena resultó todo un desastre porque los chiles se le quemaron y el queso que usó estaba muy salado. También le echó mucho picante a la salsa.

# CAPÍTULO 9

## Al ver el video

**¡La convivencia no siempre es fácil!**
1. Valeria
2. Ya es tarde. Solamente tienen veinticinco minutos para estar listos (tienen que salir a las nueve en punto).
3. Salir de la casa (para empezar su visita de la ciudad).
4. Le gusta levantarse temprano, tomar un café y luego tomar una ducha.
5. Hace sol y hace calor. Es un día hermoso.
6. Antonio entró al baño y ella tuvo que salir corriendo.

# CAPÍTULO 10

## Antes de ver el video

**Una excusión al mar.**

| Columna A | Columna B |
|---|---|
| brincar del | lado del bote |
| de colores | los peces |
| hacer | esnórkeling |
| impresionante | el arrecife |
| marinas | las algas |
| preciosos | los corales |
| ver debajo del mar | la máscara |
| zarpar | en el barco |

**Al ver el video**

**Lo que hicieron.**

| | | |
|---|---|---|
| a. 8 | e. 1 | i. 11 |
| b. 6 | f. 7 | j. 9 |
| c. 2 | g. 10 | k. 3 |
| d. 4 | h. 5 | |

# CAPÍTULO 11

## Al ver el video

**¡Ah, la nostalgia!**
1. Valeria. Cumple veinticuatro años.
2. Ninguno de sus amigos de Venezuela se acordó de escribirle. Nadie la felicitó.
3. Los cumpleaños de Alejandra: con su madre, compañeros de escuela y su maestra; en la escuela; comían bizcocho de cumpleaños y helados y bebían refrescos.
4. Prefiere los de su niñez.
5. Los cumpleaños de Valeria: un ramo de flores grande; su mamá, junto con sus hermanas, le preparaban su comida favorita.

# CAPÍTULO 12

## Antes de ver el video

**Los planes para el futuro.**
1. Antonio
2. Sofía
3. Javier
4. Valeria
5. Alejandra

## Al ver el video

**A.** See answers above in **Los planes para el futuro.**

**B. Javier**
1. No. Porque no quería estudiar medicina.
2. Quiere viajar al extranjero y vivir en otro país. Su sueño es tener su propia agencia de ecoturismo y deportes de aventura. Hará un plan para poder realizar su sueño.
3. Porque cuando vio a Sofía luchar por su sueño, él decidió luchar por su propio sueño.
4. Con sus planes para ir a vivir a otro país. Los dos están leyendo sobre diferentes lugares que le interesan a Javier para establecer su agencia de ecoturismo.
5. Tomar un avión a Centroamérica y visitar Belice, Honduras y Costa Rica; en Costa Rica recorrer la costa del Pacífico en bicicleta; tomar un avión a Cuzco y de allí un tren a Macchu Picchu; tiene que averiguar muchas cosas antes de irse, como

por ejemplo, cuánto cuesta un boleto de San Juan a Belice a Tegucigalpa, etc.

**Sofía y Alejandra**
1. un libro sobre la cultura taína, el arte, la historia y la vida cotidiana en Puerto Rico
2. un año
3. montar una exposición de fotografía en el Museo de Arte
4. porque nunca le quedaba tiempo con la Escuela de Danza

**Antonio y Valeria**
1. si le gustaría conocer Texas / si le iría un tiempo a Texas con él
2. que claro que le gustaría pero ella necesita pensarlo (no le da una respuesta definitiva)
3. *Answers will vary.*

# CAPÍTULO 13

## Antes de ver el video

**El instructor de baile.**
1. **folclórico** tradicional / popular
2. **encargarse**—tomar la responsabilidad de algo
3. **paso**—movimiento de los pies para bailar
4. **acentuación**—la acción de resaltar, dar vigor; la parte con más intensidad
5. **pendientes**—prestando atención; observando

## Al ver el video

**¡A bailar!**
1. c
2. b
3. a
4. c
5. a
6. b
7. c
8. a

# CAPÍTULO 14

## Al ver el video

**El proyecto.**
1. V
2. F
3. V
4. F
5. V
6. F
7. V
8. V

# Audio Script

## PARA EMPEZAR

## Práctica de comprensión auditiva

**A. Palabras.** [CD 1, track 2]
1. You meet your Spanish professor. It's 9 in the morning. You say…//
   a. Buenas tardes. //
   b. Buenos días. //
   c. Hola. //

[pause]

2. Your roommate is about to introduce you to her best friend, Janet. She says… //
   a. Te presento a mi amiga Janet. //
   b. Le presento a mi amiga Janet. //
   c. ¡El gusto es mío! //

[pause]

3. As you enter your classroom, one of your classmates holds the door for you. To thank her, you say… //
   a. Encantado. //
   b. Bastante bien. //
   c. ¡Gracias! //

[pause]

4. The first day of class, you meet your professor of Spanish as she enters the classroom. She asks you how you are doing today. To respond, you say //
   a. Muy bien, gracias. ¿Y tú? //
   b. Muy bien, gracias. ¿Y Ud.? //
   c. ¿Qué tal? //

**B. Recepcionista.** [CD 1, track 3]
1. Aquí están Javier Acuña y esposa. ¿Cómo se escribe su apellido? //
   Es Acuña, A C U Ñ A. //
2. Aquí están Luis y Sara Padilla. ¿Cómo se escribe su apellido? //
   Es Padilla, P A D I L L A. //
3. Aquí están José María Pantoja y familia. ¿Cómo se escribe su apellido? //
   Es Pantoja, P A N T O J A. //
4. Aquí están Francisco Leyva e hijas. ¿Cómo se escribe su apellido? //
   Es Leyva, L E Y V A. //
5. Aquí están Manolo Valdez y familia. ¿Cómo se escribe su apellido? //
   Es Valdez, V A L D E Z. //

**C. ¿Cómo se escribe?** [CD 1, track 4]
1. Soy Juanita Montoya. //
   J U A N I T A  M O N T O Y A //

[pause]

2. Soy Javier Santiago. //
   J A V I E R  S A N T I A G O //

**D. ¿Formal o informal?** [CD 1, track 5]
1. RAÚL:    Hola, María. ¿Cómo estás? //
   MARÍA:   Bastante bien, Raúl. ¿Y tú? //
   RAÚL:    Terrible. //

[pause]

2. Joven:   Señor Rodríguez, le presento a mi amigo Juan. //
   SEÑOR:   Encantado, Juan. //
   JUAN:    El gusto es mío, señor Rodríguez. //

[pause]

3. ÉL:      Y tú, ¿cómo te llamas? //
   ELLA:    Me llamo Alejandra. //

[pause]

4. Amigo 1: Buenas noches. ¿Qué tal? //
   AMIGO 2: Excelente. //
   AMIGO 1: Oye, te presento a mi amiga María. //
   AMIGO 2: Buenas noches, María. Es un placer. //

[pause]

5. ESTUDIANTE: Buenos días, profesora. ¿Cómo está usted? //
   PROFESORA:  Muy bien, gracias, ¿y tú? //
   ESTUDIANTE: Bien, bien. Profesora, le presento a mi amigo Carlos. //
   PROFESORA:  Encantada, Carlos. //

[pause]

**E. Saludos.** // [CD 1, track 6]
1. Buenos días, señorita. //
2. Mucho gusto. //
3. ¿Cómo está usted? //
4. ¿Cómo te llamas? //
5. ¿Qué tal? //

**F. A observar.** [CD 1, track 7]
1. ¡Hola! ¿Qué tal? //
   Bastante bien. ¿Y tú? //

[pause]

2. Buenas tardes, señora García. //
   Buenas tardes, doctor. //

[pause]

3. ¡Hola! ¿Cómo está? //
Excelente. Y usted, señora Rocha, ¿cómo está? //

[pause]

4. ¿Qué tal, Jorge? //
Bien, ¿y tú? //

[pause]

5. Hola. ¿Qué tal? //
No muy bien. //

## Pronunciación

### Vocales [CD 1, track 8]

1. a //e //i //o //u //
2. ma //me// mi// mo// mu //
3. na // ne // ni // no // nu //
4. sa // se // si // so // su //
5. fa //fe //fi //fo //fu //

1. Ana // él // ir // otro // cucú //
2. llama // mente // así // como // sur //
3. mañana // excelente // dividir // ojo // tú //

### Acentuación [CD 1, track 9]

caso // casó // América // americano //

entro // entró // canción // canciones //

esta // está // examen // exámenes //

### Dictado [CD 1, track 10]

1. el apretón de manos //
2. el abrazo //
3. el beso //

# CAPÍTULO 1

# Práctica de comprensión auditiva

## PASO 1

**A. Palabras.** [CD 1, track 11]
1. Una persona que estudia constantemente es una persona… //
   a. extrovertida. //
   b. estudiosa. //
   c. sinceros. //

[pause]

2. Una persona muy popular y con muchos amigos es una persona… //
   a. sociable. //
   b. introvertido. //
   c. tímida. //

[pause]

3. Un hombre muy activo, que practica muchos deportes, es un… //
   a. conservador. //
   b. liberal. //
   c. atleta. //

[pause]

4. Un objeto que nos permite transportar otros objetos, para ir a la montaña o ir a la clase es una… //
   a. bolígrafo. //
   b. mochila. //
   c. papel. //

[pause]

**B. El primer día de clase.** [CD 1, track 12]

CARLOS: Hola, Ramona. ¿Cómo estás? Mira, este es mi amigo Andrés. Andrés es estudiante de la Universidad de Puerto Rico. Y Andrés no es como yo; es muy estudioso.

RAMONA: Hola, Carlos. Mucho gusto, Andrés. Yo soy Ramona. Soy de Uruguay, de Montevideo.

ANDRÉS: Encantado, Ramona.

RAMONA: Es verdad que Carlos no estudia mucho pero no lo necesita. Es muy inteligente.

CARLOS: ¿Inteligente? ¿Yo? Sí, verdad. Y soy muy simpático también. Vamos a tomar un café. Yo invito. //

**C. ¿De dónde es?** [CD 1, track 13]

| ESTUDIANTE | PROFESOR |
| --- | --- |
| 1. Mi nombre es Carlos y soy de Quito. | Sí, Carlos es de Ecuador. // |
| 2. Me llamo Elena y soy de Santiago. | Sí, Elena es de Chile. // |
| 3. Mi nombre es Jorge y soy de Montevideo. | Sí, Jorge es de Uruguay. // |
| 4. Me llamo Lupe y soy de Bogotá. | Sí, Lupe es de Colombia. // |
| 5. Me llamo Patricio y soy de Lima. | Sí, Patricio es de Perú. // |

**D. ¿Cómo es?** [CD 1, track 14]
1. Elena es simpática. //
2. Paco es popular y trabajador. //
3. Gloria es elegante y conservadora. //
4. Pablo es muy atlético. //
5. Antonio es estudioso. //
6. Lupita es paciente y seria. //

**E. ¿A quién describen?** [CD 1, track 15]
1. Usted es popular. //
2. Tú eres simpática. //
3. Tú eres inteligente. //
4. Usted es muy paciente. //
5. Usted es divertido. //
6. Tú eres estudiosa. //

**F. En la novela.** [CD 1, track 16]

Tomás es simpático, pero no muy inteligente. Él es muy romántico. El profesor es un hombre elegante y conservador. Es muy inteligente y es difícil con los estudiantes. En cambio, Teresa es atlética y normalmente es divertida. Pero también es impaciente. Tomás también es tímido. //

**G. ¿Hombre o mujer?** [CD 1, track 17]

1. Es española. //
2. Es simpática. //
3. Es serio. //
4. Es divertida. //
5. Es romántico. //
6. Es conservador. //

**H. ¿Qué necesitamos?** [CD 1, track 18]

El primer día de clase necesitas una mochila para llevar las otras cosas que también necesitas. Por ejemplo, necesitas unos libros, un lápiz y un bolígrafo. También necesitas unos cuadernos y una calculadora. //

**I. ¿De quién es?** [CD 1, track 19]

1. Hay un cuaderno en la mesa. ¿De quién es? //
2. Hay unos bolígrafos en la mesa. ¿De quién son? //
3. Hay una mochila en la mesa. ¿De quién es? //
4. Hay un lápiz en la mesa. ¿De quién es? //
5. Hay unas calculadoras en la mesa. ¿De quién son? //
6. Hay unos papeles en la mesa. ¿De quién son? //

# PASO 2

**J. ¿Cómo son los estudiantes?** [CD 1, track 20]

Los estudiantes de la clase de español son muy inteligentes. Los de la clase de ciencias políticas también son muy buenos. Pero los estudiantes de la clase de química son perezosos y aburridos. En matemáticas y economía todos son muy divertidos y simpáticos, especialmente el profesor. //

**K. ¡Son terribles!** [CD 1, track 21]

Ellos son muy perezosos y tontos. No son pacientes y son muy liberales. Pero son simpáticos y divertidos. //

**L. Pasatiempos.** [CD 1, track 22]

LA PROFESORA: Roberto, ¿cuál es tu pasatiempo favorito?

ROBERTO: Mi pasatiempo favorito es comer.

LA PROFESORA: Y tú Lupe, ¿cuál es tu pasatiempo favorito?

LUPE: Pues, ver la tele. //

LA PROFESORA: ¿Y cuál es tu pasatiempo favorito, Anita?

ANITA: Me gusta mucho bailar y también nadar.

LA PROFESORA: ¿Y tú, Pablo?

PABLO: Bueno, a mí también me gusta bailar y escuchar música.

LA PROFESORA: Muy bien. Y tú, Carlos, ¿cuáles son tus pasatiempos favoritos?

CARLOS: Mi pasatiempo favorito es estudiar.

LA PROFESORA: Y Ana, ¿qué te gusta hacer para pasar el tiempo? //

ANA: Me gusta leer y también ver la tele.

**M. Responsabilidades.** [CD 1, track 23]

1. —¿Qué necesitan hacer ustedes, Alicia?
   —Necesitamos leer un libro para la clase de inglés. //
2. —¿Qué necesita hacer Elena?
   —Elena necesita ir de compras. //
3. —¿Qué necesitan hacer Carlos y María?
   —Carlos y María necesitan preparar la cena. //
4. —¿Qué necesita hacer Juan?
   —Juan necesita pasear. //
5. —¿Y qué necesitan hacer Lupe y Patricio?
   —Lupe y Patricio necesitan hablar por teléfono. //

**N. ¿Ellos/Ellas o nosotros/nosotras?** [CD 1, track 24]

1. Son aburridos. //
2. Son muy románticos. //
3. Somos simpáticas. //
4. Son divertidas. //
5. Somos estudiosos. //
6. Somos perezosos. //

**O. ¿Quién es?** [CD 1, track 25]

1. Son activos. //
2. Es un poco tonto. //
3. Son pacientes. //
4. Es muy trabajadora. //
5. Son bastante interesantes. //
6. Es algo perezoso. //
7. No son muy serios. //

**P. ¡Qué día!** [CD 1, track 26]

Los libros de matemáticas son buenos y el libro de historia es interesante. La profesora Martínez es muy conservadora y el profesor Hernández es aburrido. Pero la clase de español es divertida y los estudiantes son trabajadores. //

# PASO 3

**Q. ¿Qué van a hacer?** [CD 1, track 27]

PACO: Hola, Marta. ¡Huy, qué elegante! ¿Adónde vas?

MARTA: ¿Qué tal, Paco? Voy a ver a Ana. Nosotras vamos al teatro esta noche. Y tú, ¿qué haces?

PACO: Voy con Carlos a la universidad. Él va a la clase de historia. Yo voy a buscar un libro en la biblioteca. //

**R. Programa de radio.** [CD 1, track 28]

Mi nombre es Nora González Gutiérrez. Soy de Argentina, de Buenos Aires. Estudio química y matemáticas. Mis clases son muy interesantes, pero los profesores son difíciles. Trabajo por la tarde en la librería y estudio en la biblioteca por la noche. //

**S. En mi apartamento.** [CD 1, track 29]
En mi apartamento mis amigos y yo no miramos mucho la tele porque preferimos escuchar la radio. Por la noche yo hablo por teléfono con mi amiga y luego estudio. Tomo mucho café cuando estudio. Mis amigos y yo estudiamos mucho. Ah, también preparamos la cena todos los días. //

**T. Compañeros de cuarto.** [CD 1, track 30]
Ernesto y Gilberto, su compañero de cuarto, miran su programa favorito en la tele. Ernesto necesita preparar la cena ahora. Gilberto también busca su libro de matemáticas para estudiar para un examen. Gilberto necesita ir a la biblioteca para estudiar, ¿no? //

**U. ¡A casa!** [CD 1, track 31]
1. Mamá compra mis refrescos favoritos. //
2. Papá prepara una cena muy especial. //
3. Pepito y yo bailamos en el patio. //
4. Nosotros miramos la tele después de cenar. //
5. Yo llamo a mi amigo por teléfono. //
6. Yo no estudio para el examen de español. //

**V. Por fin, ¡solo!** [CD 1, track 32]
1. ¿Necesitas más dinero? //
2. ¿Estudias en la biblioteca? //
3. ¿Estudian tú y tus amigos todas las noches? //
4. ¿Miras mucho la tele? //
5. ¿Tocas la guitarra para tus amigos? //

**W. El último día…** [CD 1, track 33]
1. Gilberto va a chatear con unos amigos. //
2. Tina va a escribir cartas. //
3. Tú y Carmen van a mirar la tele por la noche. //
4. Yo voy a ir al banco. //
5. Nosotros vamos a estudiar en la biblioteca. //
6. Carlos y Roberto van a preparar la cena. //

## Pronunciación

### Diptongos [CD 1, track 34]

1. tía //    3. río //    5. oír //    7. cuota //
2. seis //    4. reír //    6. Asia //    8. continúo //

1. María va a la escuela. //
2. Oí un ruido. //
3. El dúo canta el viernes. //
4. Ese país está en Europa. //
5. Leí ese cuento. //

### Silabeo [CD 1, track 35]

1. romántico //
2. liberal //
3. sincera //
4. montaña //
5. historia //
6. impaciente //

1. seleccionar //    2. disfrutar //    3. participar //
4. computadora //    5. estudiar //    6. antipático //

1. extrovertido //    2. librería //    3. ciclismo //
4. biblioteca //    5. padres //    6. preparar //

1. cuaderno //    2. teatro //    3. correo //
4. bueno //    5. cuarto //    6. maestro //

1. librería //    2. Raúl //    3. economía //
4. país //    5. biología //    6. abogacía //

## Acentuación [CD 1, track 36]

tardes // estudian // grande // papa // globo // mariachi // tribu //

arte // examen // organizado // programa // taxi // refresco // salami // padres //

Tucumán // estrés // sofá // café // tomó // rubí // ñandú //

común // interés // papá // enamoré // fingí // controló // Perú //

## Dictado [CD 1, track 37]

1. escuchar música popular //
2. hablar por teléfono //
3. ir de compras //

# CAPÍTULO 2

# Práctica de comprensión auditiva

## PASO 1

**A. ¿Dónde trabajan?** [CD 2, track 2]
1. Mari Carmen es médica y cuida a sus pacientes. //
2. José vende libros y materiales para los estudiantes y sus clases. //
3. Lupe prepara comida para muchas personas. //
4. Pedro trabaja como juez para la ciudad. //
5. Teresa es profesora de biología. //
6. Juan Carlos es especialista en examinar a los animales. //

**B. ¿Qué hacen estas personas?** [CD 2, track 3]
1. Antonio prepara la comida en el Café Tomás. //
2. Alicia pasa mucho tiempo en la biblioteca porque tiene exámenes difíciles. //

3. Manuel vende libros en la librería de la universidad. //
4. Marta y Yolanda escriben en la computadora de su oficina. //
5. Gilberto y Cristina recetan las medicinas a sus pacientes. //
6. Alfredo escribe artículos para el periódico *El Nuevo Día*. //

**C. Empleos.** [CD 2, track 4]

LORENZO: Hola, Cristina. ¿Qué tal? ¿Tú trabajas aquí?
CRISTINA: Hola, Lorenzo. Sí. Soy secretaria. ¿Y tú?
LORENZO: Yo trabajo en un restaurante. Soy cocinero. ¿Es interesante tu trabajo?
CRISTINA: Bueno, escribo todo el día en la computadora. Es aburrido, pero pagan bien.
LORENZO: En mi restaurante yo preparo muchos platos diferentes. Es difícil, pero interesante. //

**D. Cambio de trabajo.** [CD 2, track 5]

Elvira decide cambiar de trabajo. Ella ahora vende libros en una librería. Elvira vive lejos del trabajo y hay much tráfico para llegar allí. En la mañana Elvira abre la tienda y en la noche llega a casa muy tarde. Ella necesita un cambio. Escribe muy bien en la computadora y por eso va a trabajar en una oficina. //

**E. Un trabajo muy interesante.** [CD 2, track 6]

Ahora yo trabajo en una oficina en el centro. Aprendo mucho allí. Las otras personas y yo compartimos las responsabilidades del trabajo. Nuestra compañía vende computadoras. Nosotros trabajamos con compañías de los Estados Unidos y de Hispanoamérica. Yo leo y escribo mucho en español. Ahora yo vivo cerca de mi trabajo. Con frecuencia, los otros empleados y yo salimos a comer en diferentes restaurantes, pero cuando es necesario nosotros comemos en la oficina. Hay mucho trabajo, pero ahora estoy más contenta. //

**F. Respuestas.** [CD 2, track 7]

1. ¿Qué tienes? //
2. ¿Cuándo salen ustedes a comer? //
3. ¿Vienen Pablo y Consuelo a nuestra casa? //
4. ¿Qué tiene que hacer Rosa? //
5. ¿Sales ahora? //
6. ¿Hoy no vienes? //

**G. ¿Ejercicios o estudios?** [CD 2, track 8]

SARINA: ¿A qué hora salimos a correr hoy?
FRANCISCA: Hoy yo no salgo.
SARINA: ¿Por qué?
FRANCISCA: Porque tengo que estudiar.
SARINA: ¿Por qué no vienes al parque y corremos un poco primero?

FRANCISCA: Es que tengo un examen mañana en la clase de matemáticas.
SARINA: Pero tú y yo tenemos que hacer un poco de ejercicio.
FRANCISCA: Mañana salimos y hacemos ejercicio, ¡después del examen! //

# PASO 2

**H. Palabras.** [CD 2, track 9]

1. Para llamar a mis padres, necesito…
   a. teléfono celular.
   b. disco compacto.
   c. descanso.
2. El dinero que recibimos por nuestro trabajo es nuestro…
   a. clase.
   b. salario.
   c. especialista.
3. Es un artista muy importante del mundo de la canción, es…
   a. cantante.
   b. juez.
   c. jefe.
4. Felipe hace su trabajo con mucha responsabilidad. Es un trabajador muy…
   a. representante.
   b héroe.
   c. responsable.

**I. Problemas.** [CD 2, track 10]

1. Habla Susana Vargas:
   Mi experiencia en esa tienda no es muy buena. Vengo a comprar un café y me venden una botella de agua. //
2. Habla Miguel Antonio Hernández:
   Yo recibo un buen salario, pero mis compañeros de empleo reciben un salario que no es bueno. //
3. Habla Serena Pacheco:
   Tengo que preparar la comida para mi familia, pero tengo que preparar mi entrevista de trabajo. //

**J. Información inesperada.** [CD 2, track 11]

1. ¿Sabes? Juan no toma cinco materias. //
2. ¿Sabes? Mi hermana no trabaja en el banco ahora. //
3. ¿Sabes? Mis amigos tienen dos exámenes hoy y uno mañana. //
4. ¿Sabes? No voy al cine hoy. //
5. ¿Sabes? Esos muchachos no son los primos de Alfonsina Osorio. //
6. ¿Sabes? La fiesta de María Elena no es el sábado. //

**K. Una cita.** [CD 2, track 12]

1. ¿Qué día es la fiesta? //
2. ¿Dónde es? //

3. ¿Quién es ella? //
4. ¿A cuántas personas va a invitar? //
5. ¿Por qué vienen todos sus amigos a la fiesta? //

**L. ¿Qué número es?** [CD 2, track 13]
1. Mi amigo Juan Delgado vive en nuestra residencia en el número 92. //
2. El número de teléfono de la universidad es el 2–73–48–51. //
3. En la residencia hay 175 habitaciones. //
4. El salario de Jorge es de 130 dólares. //
5. Su familia es muy grande. Tiene 60 personas. //

**M. ¡A la clase de matemáticas!** [CD 2, track 14]
1. 5 por 3 son 15. //
2. 180 dividido por 6 son 30. //
3. 25 más 50 más 40 son 115. //
4. 76 menos 62 son 14. //
5. 16 por 10 son 160. //

**N. ¡Aquí está!** [CD 2, track 15]
1. ¿Luisa tiene una computadora? //
2. ¿David y Martín tienen libros de química? //
3. ¿Tú tienes un periódico en español? //
4. ¿Luisa tiene una calculadora? //
5. ¿Tú y tu amigo Pablo tienen un radio? //
6. ¿Tú tienes videojuegos? //

**O. Descripciones.** [CD 2, track 16]
1. ¿Tienes amigos de Venezuela? //
2. ¿Tú y tu familia tienen una casa en la playa? //
3. ¿Los padres de María Elena tienen una tienda? //
4. ¿Tenemos un examen mañana? //
5. ¿La clase de Bárbara es en el edificio de Humanidades? //

# PASO 3

**P. Palabras.** [CD 2, track 17]
1. Ir a otro país es… //
   a. viajar. //
   b. leer. //
   e. feliz. //
2. Un día de la semana es el… //
   a. mediodía. //
   b. frío. //
   c. domingo. //
3. Un mes del año es… //
   a. reportero. //
   b. enero. //
   c. medianoche. //
4. Una parte del día es… //
   a. ¿A qué hora? //
   b. la tarde. //
   c. menos. //

**Q. Planes.** [CD 2, track 18]
A. ¡Estoy muy feliz! A las 8:15 de la mañana, el 20 de julio, salgo para Ponce y regreso a las 9:40 de la noche, el 30 de agosto, a Nueva York. ¡Qué vacaciones! //
B. Margarita, Silvia y yo vamos de vacaciones a San Juan en el verano. Salimos un lunes y regresamos un domingo. //
C. Sí, y como yo soy un fanático del ejercicio, de día voy a caminar y correr por la playa. Y por las noches, salgo con Rosa a beber, comer y bailar. //
D. Pues en diciembre José y yo vamos a pasar las vacaciones con unos amigos de la Universidad de Puerto Rico. Salimos inmediatamente después del último día de clases y no regresamos hasta el día después de empezar las clases. //

**R. Horario.** [CD 2, track 19]
1. Natalia tiene una clase de aeróbicos los martes y jueves a las ocho de la mañana. //
2. A las once de la mañana, Natalia tiene clases todos los días. //
3. Natalia trabaja todos los días en la mañana. //
4. El viernes hay un banquete a las cinco de la tarde. //
5. Natalia tiene clases de aeróbicos en la noche después de trabajar. //

**S. ¿Dónde está?** [CD 2, track 20]
1. El lunes a las nueve y media de la mañana. //
2. El lunes a las cinco de la tarde. //
3. El viernes a las nueve y media de la mañana. //
4. El jueves a las ocho y cuarenta de la mañana. //
5. El martes a las diez y veinticinco de la mañana. //
6. El miércoles a las dos y media de la tarde. //

**T. Calendario.** [CD 2, track 21]
1. El primer día de verano es el 20 de junio. //
2. El 10 de noviembre es muy importante para Mateo porque tiene un examen muy difícil. //
3. El primer día de primavera es el 20 de marzo. //
4. El aniversario de los padres de Mateo es el 6 de enero.//
5. El 25 de diciembre Mateo visita a sus familiares. //
6. El día de San Valentín es el 14 de febrero. //

# Pronunciación [CD 2, track 22]

Pepe // puesto // periodista // pantalla // platos // polvo //

Pepe es periodista. //

Tomás // trabajo // artículo // teclado // tarde //

El técnico trabaja con el teclado. //

### Acentuación [CD 2, track 23]

elemental // robot // ciudad // caminar // actriz //
español //
buscar // sentimental // español // intelectual //
mujer // amistad //
fácil // lápiz // cáncer // azúcar //
Pérez // ángel // árbol // Cádiz // útil // fútbol //

### Dictado [CD 2, track 24]

1. Soy estudiante en la universidad de Río Piedras, en San Juan, Puerto Rico. //
2. Trabajo como reportero para el periódico de la universidad. //
3. Vivir y estudiar en Puerto Rico es muy especial. //

# CAPÍTULO 3
# Práctica de comprensión auditiva

## PASO 1

**A. Palabras.** [CD 2, track 25]
1. Una persona que está feliz, que no está triste, está… //
   a. contenta. //
   b. cansado. //
   c. chico. //

[pause]

2. Una persona que trabaja mucho y no tiene tiempo libre en este momento, está…
   a. ocupada. //
   b. emocionantes //
   c. interesado. //

[pause]

3. Las pruebas que tienen los estudiantes son los…
   a. exámenes. //
   b. fallas. //
   c. ferias. //

[pause]

4. Una persona que va a una fiesta, pero que no es la persona que la organiza es un… //
   a. sangría. //
   b. invitado. //
   c. aburridos. //

[pause]

**B. Cuatro situaciones.** [CD 2, track 26]
1. ¿Ricardo? Sí, soy Pepi. Oye, lo siento pero no voy a ir a la fiesta. No estoy bien. Me encuentro mal. Además, estoy muy cansada. //

2. Entonces, para usted nachos, y para el señor una tapa de patatas bravas. ¿Y qué desean para beber? Tenemos agua mineral, refrescos, cerveza, vino, café… //
3. Oye, Carmen, José Manuel no está en la fiesta. Y su teléfono móvil no responde. Y es tan tarde ya. … No sé, normalmente me llama si tiene problemas con el tráfico… //
4. ¡Qué bien está la fiesta! Todos bailan y disfrutan de la música. Y todos conversan. Es una fiesta maravillosa. //

**C. Conversación.** [CD 2, track 27]
Yo: Mi mamá y mi hermano Luis y yo estamos en la cocina. Mamá está preparando la comida. Luis, ella y yo estamos hablando de la escuela. Aquí está nuestra conversación.

[short pause]

MAMÁ: Hola, hija, ¿cómo estás?
Yo: Estoy muy bien. ¿Y ustedes?
MAMÁ: Estamos bien. Luis está un poco nervioso porque esta noche sale con María Dolores.
Yo: ¡Ah! ¿Y cómo está tu amiga María Dolores?
LUIS: Está muy bien. Estamos en la misma clase de historia.
MAMÁ: Es una chica muy trabajadora y estudiosa. Siempre está en la biblioteca.
LUIS: ¡Y es muy guapa también!
Yo: Tengo la impresión que estás muy contento con la escuela este semestre.
LUIS: ¡Sí! Pero estoy preocupado porque la semana próxima tenemos muchos exámenes.
Yo: Pues, necesitas estudiar con tu amiguita María Dolores. //

**D. Preguntas y respuestas.** [CD 2, track 28]
1. ¿Dónde están los estudiantes de español? //
2. ¿María? ¿En esta clase? //
3. Los estudiantes están contentos, ¿verdad? //
4. ¿Dónde está la profesora? //
5. ¿Por qué no viene Juan Pedro a la clase? //

## PASO 2

**E. Palabras…** [CD 3, track 2]
1. El lugar de la casa donde normalmente se prepara la comida es…
   a. el patio.
   b. la cocina.
   c. el dormitorio.

[pause]

2. El aceite de oliva se obtiene de la…
   a. pizza.
   b. sangría.
   c. aceituna.

[pause]

3. La bebida típica española con vino y frutas es...
   a. la sangría.
   b. la patata.
   c. el vino.

[pause]

4. Cuando queremos pedir disculpas o perdón decimos...
   a. fenomenales.
   b. ¿Qué estás haciendo?
   c. ¡Lo siento!

**F. Conversación en la fiesta.** [CD 3, track 3]

MARÍA: Hola, Estela. ¿Cómo estás?

ESTELA: Muy bien, María. Oye, la fiesta está muy buena, ¿no crees?

MARÍA: Sí. Es una fiesta fabulosa.

ESTELA: Mira. Busco a Nicolás. ¿Sabes dónde está?

MARÍA: Está bailando en la sala. Todos están allí. Están escuchando unos discos de salsa. ¡Son excelentes!

ESTELA: Vamos pues. Quiero bailar con Nicolás.

MARÍA: ¿Por qué no tomamos algo primero? Hay comida y bebidas en la cocina. Las tapas están muy ricas. //

**G. Por eso.** [CD 3, track 4]

1. Necesito salir con Isabel Rodríguez. //
2. Necesito tocar la guitarra en este momento. //
3. Necesito conversar con Toñi sobre algo importante. //
4. Necesito decorar mi cuarto hoy. //
5. Necesito inventar excusas para no limpiar mi cuarto. //

**H. En el restaurante.** [CD 3, track 5]

1. Alberto tiene un plato de tapas muy grande. //
2. Un señor está en la cocina preparando una paella. //
3. En la radio tocan un disco de Enrique Iglesias. //
4. Marcos y José Luis están tomando su bebida favorita. //
5. Jorge está hablando con el camarero. //

## PASO 3

**I. Palabras.** [CD 3, track 6]

1. Una película con mucho éxito decimos que es... //
   a. título. //
   b. película de terror. //
   c. taquillera. //

[pause]

2. Una persona que no está enferma, sino todo lo contrario, es una persona... //
   a. bajo. //
   b. sana. //
   c. tranquilo. //

[pause]

3. Un baile muy divertido y típico de España es el... //
   a. pasodoble. //
   b. fútbol. //
   c. canción. //

[pause]

4. Cuando dormimos por la tarde estamos durmiendo la...
   a. corrida de toros. //
   b. idioma. //
   c. siesta. //

**J. Así es.** [CD 3, track 7]

1. ¿Inteligente? ¿Silvia? //
2. ¿Muy nerviosos? ¿Los estudiantes? //
3. ¿Altos? ¿Ustedes? //
4. ¿Rica? ¿La princesa? //
5. ¿Cansados? ¿Ellos? //

**K. Más preguntas.** [CD 3, track 8]

1. ¿Qué tal? //
2. ¿Cómo son tus clases? //
3. ¿Qué opinas sobre la clase de español? //
4. ¿Por qué no sales a comer con Isabel? //
5. ¿Por qué está Juana tan triste? //
6. ¿Por qué no viene su novio? //

**L. Mamá tiene razón.** [CD 3, track 9]

1. Ricardo va a tomar mucho vino, ¿verdad? //
2. Francisco y Gabriel van a tomar refrescos, ¿verdad? //
3. Luisa y Andrés van a comer mariscos, ¿verdad? //
4. Yo voy a comer tapas, ¿verdad? //
5. Tú vas a comer la tortilla, ¿verdad? //

**M. ¡No me gusta nada!** [CD 3, track 10]

1. ¿Te gustan los discos de Joaquín Sabina? //
2. ¿Te gusta la sangría? //
3. ¿Te gusta bailar pasodobles? //
4. ¿Te gustan los refrescos? //
5. ¿Te gusta tocar la guitarra? //

## Pronunciación [CD 3, track 11]

botar // votar // baja // viaja // hombre //

tubo // tuvo // lobo // lava // la boca // la vaca

1. bien //
2. rubio //
3. viaje //
4. le veo //
5. bonita //
6. el bajo //

1. viaja // Vicente // Venecia // viernes //
   Vicente viaja a Venecia el viernes. //

2. bebe // bar // Benito // bien //
   Benito bebe en el bar. //

1. lleva // Mave // llave // llavero //
   Mave lleva la llave en el llavero. //

2. abuelo // Abel // trabaja // Cristóbal //
   Mi abuelo Abel trabaja en San Cristóbal. //

Bolivia // vive // Viviana // verano //
Venezuela // viaja //

Viviana vive en Bolivia y en verano viaja a
Venezuela. //

## Acentuación [CD 3, track 12]

médico // matrícula // dímelo // matemáticas // física //

público // república // México // cómico // sátira //

## Dictado [CD 3, track 13]

1. Me gusta ir a España de vacaciones porque me
   encanta ver a mis amigos y comer tapas. //
2. A mis amigos les gusta la tortilla española y
   también preparan una sangría muy sabrosa. //
3. Las fiestas en España son fenomenales porque
   siempre hay buena conversación y amigos
   fabulosos. //

# CAPÍTULO 4
# Práctica de comprensión auditiva

## PASO 1

**A. Palabras.** [CD 3, track 14]
1. Un edificio muy grande e importante,
   normalmente religioso es…
   a. la catedral.
   b. el centro.
   c. la ciudad.

[pause]

2. Una prenda de ropa que usan principalmente las
   mujeres es…
   a. la camiseta.
   b. la falda.
   c. la camisa.

[pause]

3. Una prenda de ropa que se usa en invierno,
   cuando el clima no es bueno es…
   a. la blusa.
   b. el impermeable.
   c. el traje.

[pause]

4. Un vehículo grande y amarillo que lleva a los
   niños a la escuela es…
   a. un auto.
   b. un autobús.
   c. una bicicleta.

**B. ¿Quién?** [CD 3, track 15]
PACO:     ¡Qué maravilloso es este museo!
ROSA:     Tienes razón. Este salón de cuadros
          de David Alfaro Siqueiros es fabuloso.
          Me gustan mucho.
PACO:     ¿Y qué hay en ese salón?
ROSA:     Creo que allí tienen el arte de Diego
          Rivera.
PACO:     ¿Sabes? Tengo ganas de ver si tienen
          cuadros de Frida Kahlo.
ROSA:     Vamos a preguntarle a ese guardia.
          Perdón, señor. ¿Podría decirnos si hay una
          sección de Frida Kahlo en este museo?
GUARDIA:  Sí, señorita. Tenemos una colección
          bastante buena. Tienen que bajar por aquí
          para llegar.
PACO:     Gracias, señor. Y otra cosa. ¿Dónde está
          el baño?
GUARDIA:  Cerca de la puerta de este salón.
ROSA:     Gracias, señor. Adiós.
GUARDIA:  Adiós. //

**C. Contrastes.** [CD 3, track 16]
1. ¿De quién son estas pinturas? //
   Este es un cuadro de Frida Kahlo. Ese es un
   mural de su esposo.
2. ¿Cómo son los pantalones y los jeans? //
   Estas tiendas son caras. Esas tiendas son más
   razonables.
3. ¿Cómo son las rebozos? //
   Ese rebozo es rojo. Este rebozo es azul.
4. ¿Cómo son las faldas? //
   Esas faldas son blancas. Esas faldas son grises. //
5. ¿Qué llevan las mujeres? //
   Esta mujer lleva un suéter. Esta mujer lleva un
   rebozo. //

**D. Cerca de mí y de ti.** [CD 3, track 17]
1. Yo voy de compras a ese mercado al aire libre.
2. Sí, te recomiendo esta novela. Es muy interesante.
3. Esa actriz es famosa.
4. Sí. Trabajo en esta oficina.

**E. Salir a comer.** [CD 3, track 18]
Quiero salir a almorzar con mi amiga Silvina,
pero ella no puede salir hoy. Quiere terminar su
tarea hoy, y por eso almuerza en su habitación.
Prefiere salir mañana, pero mañana yo vuelvo
muy tarde del laboratorio y no podemos almorzar
juntos. Pienso que el fin de semana es mejor.
Prefiero salir cuando no tenemos que pensar en
nuestro trabajo. //

**F. Problemas de estudiantes de la UNAM.** [CD 3, track 19]
1. ¿Por qué no hacen Carlos y Rafael la tarea? // no
   entender //
2. ¿Por qué no viven más cerca de la universidad? //
   no encontrar //

3. ¿Por qué no compran comida en ese supermercado? // costar mucho //
4. ¿Por qué no toman español a las ocho de la mañana? // preferir //
5. ¿Por qué tienen tanto calor en el salón de clase? // el profesor cerrar //

## PASO 2

**G. De compras en el Palacio de Hierro.** [CD 3, track 20]

VENDEDOR: Buenas tardes, señorita. ¿En qué puedo servirle?

TURISTA: Buenas tardes. Quiero comprar una blusa, por favor.

VENDEDOR: Muy bien, señorita. Tenemos muchas blusas muy bonitas. ¿Le gusta esta amarilla, por ejemplo? Es hermosa y cuesta solamente 244 pesos y 90 centavos. Y esta blusa blanca es tan bonita como la amarilla, y tiene el mismo precio.

TURISTA: Sí, las dos blusas son muy hermosas, pero prefiero una blusa azul. El azul es mi color favorito.

VENDEDOR: Tenemos una selección muy buena de blusas azules.

TURISTA: Sí, ya veo. Me gusta mucho esta. ¿Cuánto es?

VENDEDOR: A ver, esta cuesta 240 pesos y 99 centavos.

TURISTA: Perfecto. No vale tanto como la amarilla y la blanca. //

**H. De compras.** [CD 3, track 21]
1. Este suéter cuesta 959 pesos. //
2. Esos zapatos cuestan 519 pesos y 92 centavos. //
3. Estos pijamas cuestan 263 pesos y 54 centavos. //
4. Ese traje cuesta 3.112 pesos. //
5. Esta falda de lana cuesta 499 pesos y 99 centavos. //

**I. Población.** [CD 3, track 22]
1. Maracaibo, Venezuela, tiene una población de 1.206.000 habitantes. //
2. La Ciudad de Panamá tiene una población de 411.000 habitantes. //
3. Cali, Colombia, tiene una población de 1.637.000 habitantes. //
4. Callao, Peru, tiene una población de 574.000 habitantes. //
5. Córdoba, Argentina, tiene una población de 969.000 habitantes. //

**J. Igual.** [CD 3, track 23]
1. Esta camisa es cara. Esa camisa es cara también. //
2. Gloria es inteligente. Sabrina es inteligente también. //
3. Aquellos aretes son hermosos. Estos son muy hermosos también //

4. Esta falda es larga. Esa falda es larga también. //
5. Pablito es un niño muy agresivo . Ernesto es también agresivo. //

**K. Comparación de países.** [CD 3, track 24]
1. Las ciudades de México son muy bonitas. //
2. México tiene muchas universidades. //
3. La Ciudad de México es una ciudad muy elegante. //
4. Los mexicanos leen mucho. //
5. En México hay muchos lugares bonitos. //

**L. Mi hermano.** [CD 3, track 25]
Mi hermano menor es muy alto. Es más alto que yo. Los dos somos estudiantes aquí en la universidad. Él es más trabajador que yo pero yo soy más inteligente. Él siempre estudia y nunca sale. Yo tengo más amigos que él y… tengo novia. //

[pause]

1. ¿Cómo es el hermano menor? //
2. ¿Quién estudia más? //
3. ¿Quién es más inteligente? //
4. ¿Quién es más sociable? //

**M. Comparaciones.** [CD 3, track 26]
1. Yo tengo tres habitaciones, pero el departamento de mi amiga Victoria tiene cuatro. //
2. Para la clase de inglés tengo que leer siete libros y escribir tres trabajos. Para la clase de español tengo que leer dos libros y escribir un solo trabajo. //
3. Carlos paga trescientos pesos al mes por su departamento. Miguel Ángel paga cuatrocientos veinte pesos al mes. //
4. En el cuarto de Daniela hay libros y papeles en la cama, en las sillas, en el sofá, en el televisor y hay papeles en la nevera también. En el cuarto de Raquel los papeles están en el escritorio y los libros también. Todo está en su lugar. //

## PASO 3

**N. Palabras.** [CD 3, track 27]
1. En México, si tenemos hambre, podemos pedir…
   a. una torta.
   b. una aspirina.
   c. agua mineral.

[pause]

2. Juan tiene que trabajar muchas horas y…
   a. tiene ganas de llegar al fin de semana.
   b. tiene frío.
   c. tiene calor.

[pause]

3. Una bebida que tomamos fría o caliente es el…
   a. té.
   b. agua.
   c. cerveza.

[pause]

4. Si en cinco minutos empieza mi clase de español, y estoy en mi casa, pienso…
   a. ¡Tengo miedo!
   b. ¡Extraordinario!
   c. ¡Tengo prisa!

**O. ¡Otro museo!** [CD 3, track 28]
AMIGO: ¿Qué piensas hacer hoy?
AMIGA: Quiero ir al Museo Nacional de Antropología.
AMIGO: ¡Otro museo! Ya fuimos al Museo de Arte Moderno ayer. Yo prefiero ir de compras o hacer una excursión.
AMIGA: Pero el museo tiene muchas cosas interesantes. Podemos aprender algo de las culturas azteca y maya. Y podemos ver el famoso calendario azteca.
AMIGO: Ay, no quiero pasar todo el día en un museo.
AMIGA: Bueno, si prefieres, podemos salir del museo al mediodía e ir de compras por la tarde. ¿Qué te parece?
AMIGO: Buena idea. Vamos. //

**P. ¿Qué tiene?** [CD 3, track 29]
1. Fernanda empieza a trabajar a las ocho de la mañana y termina a las cinco de la tarde. Está muy ocupada y no tiene tiempo para almorzar. Cuando sale de la oficina, inmediatamente busca un restaurante. //

[pause]

2. Es invierno. Alicia tiene que salir, pero no tiene suéter. Sale sin suéter. //

[pause]

3. La clase del profesor Martínez empieza a las doce. Son las doce menos veinte. Está esperando el autobús, pero el autobús no viene. Es un viaje de veinte minutos. ¿Qué puede hacer? Llama: «¡Taxi! ¡Taxi!» //

[pause]

4. A Marisa le encantan las películas de terror, pero Manuel no tiene muy buena experiencia en esas películas. De hecho, siente pánico.//

[pause]

5. ¡Qué inteligente es el pequeño Carlitos! Dice: la capital de Uruguay es Montevideo y el dinero de Uruguay es el peso nuevo. //

[pause]

6. Marta no está preparada para el examen hoy. Por eso, cuando el profesor anuncia que no hay examen ella está muy contenta. Piensa ir a la tienda y comprar un cupón de la lotería. //

[pause]

**Q. Sí o no.** [CD 3, track 30]
1. ¿Quieres una limonada? //
2. ¿Quieres un suéter? //
3. ¿Quieres nachos? //
4. Tu tren no sale hasta las once y media, ¿verdad? //
5. ¿Quieres dormir? //
6. ¿Vas a Las Vegas este fin de semana? //

**R. Xochimilco.** [CD 3, track 31]
XAVIER: Nuestra excursión ayer fue muy interesante. Fuimos a Xochimilco que está cerca de la Ciudad de México. Mi esposa pudo sacar muchas fotos de las flores, y tuvimos la oportunidad de escuchar a varios grupos de mariachis muy buenos. Fue un día extraordinario. //

**S. ¡Qué suerte!** [CD 3, track 32]
1. ¿Pudiste comprar boletos para el ballet folclórico? //
2. ¿Tuviste que pagar mucho? //
3. ¿Quién fue contigo? //
4. ¿Cómo fueron los bailes? //
5. ¿Adónde fueron después del ballet? //

# Pronunciación

## La letra d [CD 3, track 33]

| | |
|---|---|
| 1. deber // | 5. cansado // |
| 2. todo // | 6. decorar // |
| 3. disco // | 7. todavía // |
| 4. comida // | 8. estudiante // |

dime // dando // cuando // Aldo // manda // dólares // falda //

Dime cuando Aldo mande dólares. //

vida // todo // sábado // ustedes // nada // tarde // mudo // estudiar //

No le debes dar nada a David. //

Debes dármelo. Adiós, doctora Díaz. //

No deben dárselo a él. ¿Adónde va Cándido? //

¿Dónde está el doctor? David, ¿adónde van? //

## Las letras r, rr [CD 3, track 34]

| | |
|---|---|
| 1. coral // | 5. corro // |
| 2. corral // | 6. coro // |
| 3. perro // | 7. vara // |
| 4. pero // | 8. barra // |

caro // por // ahora // María // tarde // coro // Alberto // dinero //

Roberto // socorro // ropa // alrededor //

romántico // Enrique // arroz // terremoto //

coral / corral // ahorra / ahora // vara / barra //

carro / caro //corro / coro //cero / cerro // pero / perro // para // parra //

### Acentuación [CD 3, track 35]

1. Ella practica su español todos los días. //
2. Yo siempre enfrío los refrescos antes de la fiesta. //
3. La casa está cerca del parque. //

### Dictado [CD 3, track 36]

1. Cuando voy a México siempre como tortas. //
2. También voy al mercado y compro mucha ropa cuando está en oferta. //
3. Por supuesto, nunca regreso de México sin visitar los museos y las pirámides aztecas. //

# CAPÍTULO 5

# Práctica de comprensión auditiva

## PASO 1

### A. Palabras. [CD 4, track 2]

1. Cuando un departamento tiene muebles, está… //
   a. ordenado. //
   b. en el centro. //
   c. amueblado. //

[pause]

2. El lugar que usamos para mantener las cosas frías en la cocina es… //
   a. el estacionamiento. //
   b. la nevera. //
   c. el dormitorio. //

[pause]

3. Cuando una cosa está cerca de otra, delante de ella, decimos que está… //
   a. detrás. //
   b. enfrente. //
   c. a la izquierda. //

[pause]

4. En el baño y en otras partes de la casa nos miramos en un… //
   a. espejo. //
   b. horno. //
   c. lavadero. //

### B. Necesito departamento. [CD 4, track 3]
   –¿Aló?
   –Sí, buenos días. Llamo para pedir información sobre el departamento que anuncia en el periódico.
   –Por supuesto. Con mucho gusto. Mire, este es un departamento muy bien situado. Muy cerca del centro, a tres cuadras de la Biblioteca Nacional.
   –Muy bien. ¿Y cuántas habitaciones tiene?
   –Tiene tres habitaciones grandes, un baño y una cocina muy hermosa. Y está completamente amueblado.
   –¿Y cuánto es el alquiler?
   –Son mil pesos.
   –Me interesa. ¿Cuándo puedo pasar a verlo?
   –Mañana por la mañana, si quiere. Lo espero a las 10:00 frente a la Biblioteca Nacional.
   –Muy bien. Hasta mañana. Muchas gracias.

### C. El nuevo departamento en La Boca. [CD 4, track 4]

1. ¿Cuánto es el alquiler? //
2. ¿Cuántas habitaciones tiene? //
3. ¿Dónde está? ¿Cerca de la universidad? //
4. ¿Y cómo son los dueños? //
5. ¿Tiene muebles el departamento? //
6. ¿Cómo es el departamento? //

### D. Otro departamento en La Boca. [CD 4, track 5]
   ¡Mi nuevo departamento está muy bien! El dueño es muy simpático y si tengo problemas enseguida llama al técnico. Los muebles son muy modernos. Está muy cerca de la parada del colectivo, y tengo una pastelería muy cerca que es fantástica. La verdad es que está bastante lejos de la universidad, pero para mí eso no es problema, porque voy todos los días en bicicleta. En fin, que estoy muy contento y no necesito buscar otro departamento para el semestre que viene. //

### E. Boda en la Catedral Metropolitana de B.A.
[CD 4, track 6]

1. ¿Dónde está el sacerdote? //
2. ¿Dónde están los invitados? //
3. ¿Dónde está el novio? //
4. ¿Dónde están los padres de los novios? //
5. ¿Dónde está la novia? //

### F. ¡Descríbemelo! [CD 4, track 7]

1. El perro está debajo del sofá. //
2. La mesita está lejos de la ventana. //
3. El sofá está entre la lámpara y la mesita. //
4. El sillón está al lado de la puerta. //
5. El teléfono está encima de la mesita. //

## PASO 2

**G. Palabras.** [CD 4, track 8]
1. Los habitantes de la Argentina se llaman… //
   a. argentinos //
   b. gitanos. //
   c. bonaerenses. //

[pause]

2. Un día muy importante para las personas es el día de su… //
   a. red. //
   b. cumpleaños. //
   c. salida. //

[pause]

3. Para viajar grandes distancias, como de los Estados Unidos a la Argentina, es preferible ir… //
   a. en avión. //
   b. a pie. //
   c. en colectivo. //

[pause]

4. Un tipo de ejercicio muy frecuente en los gimnasios es… //
   a. compartir. //
   b. manejar. //
   c. levantar pesas. //

**H. Una visita por sorpresa.** [CD 4, track 9]

RICARDO: Pero, … ¡qué sorpresa! Pasen, pasen. //

PADRE: Sí, hijo, tu mamá insiste en hacerte una visita por sorpresa. //

MADRE: Sí, mi hijito. No queremos aburrirte, pero queremos verte y saber que estás bien… //

RICARDO: Pero, mamá, no debes preocuparte. Estoy muy bien. Esta ciudad es muy tranquila y tengo buenos amigos. //

MADRE: Pero, hijo… en esta casa pasas frío ¿no? //

RICARDO: No, no. Mira, este es mi cuarto… Es exactamente como te lo explico en los correos electrónicos.//

MADRE: Ah, hijo. ¿Quién es esta chica tan hermosa en esta foto? A ver si ahora resulta que estás enamorado…//

RICARDO: Pero, mamá, es mi amiga Sofía. La conocen. //

MADRE: Sí, ahora recuerdo. Pero en esta foto está mucho más linda que en persona.//

RICARDO: Gracias, mamá. Tú siempre tan observadora…

**I. Respuestas breves.** [CD 4, track 10]
1. Siempre ves televisión en español. ¿Por qué? //
2. ¿Cómo llega Susana al centro comercial? //
3. ¿Cómo piensan viajar a Nueva York? //
4. ¿Cuánto dura el viaje de tu casa a Buenos Aires? //

**J. Mis abuelos.** [CD 4, track 11]
Mis abuelos tienen ahora un departamento en nuestra ciudad. Está un poco lejos de nuestra casa. Para ir a su nuevo departamento, tomo el autobús o voy en auto. Paso por el centro de la ciudad y llego en media hora. Su departamento es pequeño, pero muy cómodo. Ellos y yo hablamos por teléfono dos o tres veces por semana. Para ellos es mejor vivir cerca de su familia, y para nosotros es maravilloso tenerlos aquí. //

**K. ¡Mucho trabajo!** [CD 4, track 12]
Carlos y su hermano Roberto asisten a la universidad. Los dos trabajan y estudian todos los días. Carlos comienza a trabajar a las seis y media de la mañana y termina a las dos de la tarde. Su hermano Roberto trabaja de las once de la mañana hasta la una de la tarde. Por la tarde, los chicos asisten a tres clases. De noche, tienen que estudiar. //

**L. En otras palabras.** [CD 4, track 13]
1. Yo soy Bernardo. Este semestre no puedo trabajar porque tengo seis clases muy difíciles. Estoy siempre en la biblioteca o en el laboratorio de física. //
2. Mi amiga Elena Casares toma solamente tres clases este semestre. No tiene dinero. Por eso trabaja en un restaurante de martes a domingo, de las seis hasta la una de la mañana. ¡Nunca podemos salir! //
3. Mi amigo Jorge es músico. Toca el piano muy bien. Pero está tomando cinco clases y trabaja todos los días por la tarde en la librería de la universidad. ¡Pobre Jorge! No tiene tiempo para practicar el piano. //
4. Mi prima Mariana asiste a la misma universidad que yo. Estamos los dos en la misma clase de física. La clase empieza a las nueve, pero Mariana siempre llega a las nueve y cinco o a las nueve y diez. El profesor nunca está contento cuando Mariana llega. //

## PASO 3

**M. Palabras.** [CD 4, track 14]
1. Cuando hacemos una cosa muchas veces, decimos que hacemos esa cosa… //
   a. frecuentemente. //
   b. inmediatamente. //
   c. prácticamente. //

[pause]

2. Si tú tienes 100 dólares y yo tengo 200 dólares… //
   a. tú tienes más dinero que yo. //
   b. yo tengo más dinero que tú. //
   c. yo tengo tanto dinero como tú. //

[pause]

3. Normalmente, los políticos en las manifestaciones, cuando hablan a la gente hacen… //
   a. ejercicio. //
   b. natación. //
   c. un discurso. //

[pause]

4. El hijo de mi hermano es mi… //
   a. hermano. //
   b. sobrino. //
   c. abuelo. //

**N. Mi hermano menor.** [CD 4, track 15]

Mi hermano menor trabaja mucho, y yo trabajo mucho también. Pero él siempre tiene más dinero que yo. Y él tiene muchos amigos en el restaurante donde trabaja, pero yo también tengo muchos amigos en la universidad. Él siempre sale y no necesita estudiar mucho. Pero yo salgo solo los sábados, y necesito estudiar mucho. Aunque yo estudio mucho y él estudia menos que yo, al final, siempre obtiene las mismas notas que yo. ¡No sé cómo lo hace! //

[pause]

1. ¿Cuánto trabaja el hermano menor? //
2. ¿Quién tiene más amigos? //
3. ¿Quién es más inteligente? //
4. ¿Quién es más sociable? //

**O. Comparaciones.** [CD 4, track 16]

1. Yo tengo tres habitaciones, pero el departamento de mi amiga Victoria tiene cuatro. //
2. Para la clase de inglés tengo que leer siete libros y escribir tres trabajos. Para la clase de español tengo que leer dos libros y escribir un solo trabajo. //
3. La mamá de Miguel Ángel viaja a la Argentina tres veces al año. Su papá viaja a la Argentina una vez al año. //
4. En el cuarto de Daniela hay tres ositos de peluche. En el de Raquel hay cinco. //

**P. Una profesora excelente.** [CD 4, track 17]

1. La profesora Zamora revisa la tarea de inmediato. //
2. Si se enoja la profesora Zamora, es raro. //
3. La profesora Zamora quiere saber con frecuencia si tenemos preguntas. //
4. La profesora Zamora explica las cosas con mucho cuidado. //
5. La profesora Zamora tiene un control total sobre las lecciones. //

**Q. ¡Por suerte!** [CD 4, track 18]

1. Nosotros tenemos una fiesta todos los meses en casa de Ramiro. //
2. En la fiesta todos se divierten mucho y es raro si hay problemas. //

3. La fiesta es siempre un éxito total. //
4. La fiesta termina a las 12 de la noche, ni un minuto más tarde. //
5. Todos nos vamos despacio y sin prisa a nuestras casas tras la fiesta. //

## Pronunciación [CD 4, track 19]

José // lejos // junto // espejo // viejo // desventaja // debajo // hijo //

José está lejos del espejo viejo //
1. gato //     2. gimnasio //     3. algodón //
4. agente //    5. gasto //        6. contigo //    7. gusta //
8. general //

gente // Gijón // general // Génova // ginmasio // género //

No hay gente de Gijón en el gimansio. //

ganado // agua // gusto // gato // gastar // delgado // tango //

Al gato no le gusta el agua. //

Guevara // guerra // guitarra // sigue // águila // alguien // portugués // pague //

bilingüe // lingüística // nicaragüense // pingüino //

## Acentuación [CD 4, track 20]

tu // tú //

que // qué //

de // dé //

mas // más //

sí // si //

mi // mí //

el // él //

1. Él siempre dice «sí» a todo. //
2. ¿Y estas cosas son para mí? //
3. Él siempre habla correctamente. //

## Dictado [CD 4, track 21]

1. En la sociedad hispánica los niños generalmente participan en actividades sociales con adultos. //
2. De esta manera los niños aprenden a relacionarse con todos los miembros de la familia. //

# CAPÍTULO 6

# Práctica de comprensión auditiva

## PASO 1

**A. Palabras.** [CD 4, track 22]

1. Un lugar adonde llegan y de donde salen muchos aviones es un…
   a. equipo.
   b. aeropuerto.
   c. comedor.

[pause]

2. En los aeropuertos hay pantallas que contienen el horario de…
   a. vuelos.
   b. rutas.
   c. volcanes.

[pause]

3. En Centroamérica, como en San Francisco, hay muchos…
   a. volcanes.
   b. representantes.
   c. terremotos.

[pause]

4. Una montaña que a veces tiene actividad y expulsa fuego y lava es un…
   a. avión.
   b. volcán.
   c. lago.

**B. Noticiero Capital.** [CD 4, track 23]

ELÍAS LÓPEZ: Buenas noches, señores radioyentes. Elías López…

ESTHER LARA: … y Esther Lara llegan hasta sus hogares con Noticiero Capital, el último noticiero del día.

[Short pause]

ESTHER LARA: El gobernador del estado anunció esta noche que ya descubrieron la caja negra del vuelo 113 de Aerolíneas Maya y que pronto sabremos la causa del terrible accidente donde 113 personas perdieron la vida.

[Short pause]

ELÍAS LÓPEZ: En el campo de deportes informamos que en el campeonato de fútbol anoche, Chichicastenango jugó contra Antigua y ganó 3 a 0. Fue la sorpresa del año porque todo el mundo esperaba que ganara Antigua. ¡Felicitaciones al equipo de Chichicastenango!

[Short pause]

ESTHER LARA: Con eso se despiden de ustedes Esther Lara…

ELÍAS LÓPEZ: … y Elías López. Muy buenas noches y hasta mañana. //

**C. En el aeropuerto.** [CD 4, track 24]

Radio La Grande, 99.3 FM, informa desde el aeropuerto La Aurora de la ciudad de Guatemala del arresto de una pareja de famosos ladrones de joyas. La policía los arrestó junto a la terminal internacional en el momento de tomar un vuelo con destino a Nicaragua. La policía encontró en los pantalones de los ladrones diamantes y otras joyas. En este mismo aeropuerto, una mujer perdió a su hijo entre la mucha gente presente en la terminal en ese momento. Se vivieron momentos difíciles, pero finalmente la policía encontró al niño en una tienda de ropa de la terminal. //

**D. El partido de fútbol.** [CD 4, track 25]

1. Viste el fútbol hoy, ¿verdad? //
2. ¿Quiénes fueron contigo? //
3. ¿Ganó nuestro equipo? //
4. ¿Qué tal jugaron Rodríguez y Salinas? //
5. ¿Nuestro equipo va a jugar en el campeonato? //

## PASO 2

**E. Palabras.** [CD 4, track 26]

1. En una democracia, los ciudadanos tienen el deber de elegir su…
   a. deporte. //
   b. coche. //
   c. gobierno. //

[pause]

2. Los periódicos y los programas informativos de televisión presentan…
   a. rebajas. //
   b. revistas. //
   c. noticias. //

[pause]

3. Cuando vamos al estadio de fútbol, normalmente vamos a ver un…
   a. partido. //
   b. negocio. //
   c. petróleo. //

[pause]

4. Un vehículo que sirve para transportar por carretera es el…
   a. partido. //

b. equipo. //

c. camión. //

**F. Noticiero.** [CD 4, track 27]

RICARDO DORANTES: Buenas tardes, radioyentes. Por Radio Quiché les habla Ricardo Dorantes con noticias especiales. Mi colaboradora, Susana Besaflor está en este momento en el centro de la ciudad donde acaba de declararse un incendio. Ella…

SUSANA BESAFLOR: Buenas tardes, Julio. Estamos aquí en la calle Arbenz donde informamos de un gran fuego en la casa de Vicente Tum y su esposa, de Quetzaltenango. ¿Puede contarnos lo que pasó, señora Tum?

SEÑORA TUM: Pues, yo terminé de leer mi novela favorita, cuando vi unas grandes llamas en la cocina de la casa.

SUSANA BESAFLOR: ¿Y cual fue su reacción, señora Tum?

SEÑORA TUM: Desafortunadamente no tuvimos tiempo de hacer nada, porque las llamas eran enormes…. Yo comencé a sacar todos los objetos valiosos de la casa, pero con muy poco tiempo y mucha urgencia. Desafortunadamente, todo ocurrió muy rápido. Sí conseguí sustraer los gatos, pero nada más.

SUSANA BESAFLOR: Tienen sus vidas, y eso es lo importante.

SEÑORA TUM: Sí, tiene razón.

SUSANA BESAFLOR: Y eso es lo que ocurrió, Ricardo.

RICARDO DORANTES: Y así terminamos este noticiero especial. Buenas tardes. Habló Ricardo Dorantes por Radio Quiché. //

**G. El examen.** [CD 4, track 28]

1. ¿Llegaste a tiempo? //
2. ¿Llegó a tiempo tu amigo José Carlos? //
3. ¿A qué hora comenzó el examen? //
4. ¿Comenzaste a escribir inmediatamente? //
5. ¿Sacaste una buena nota? //

**H. Un domingo muy agradable.** [CD 4, track 29]

Ayer fue domingo y pasé un día muy agradable. Primero, mi hermano y yo leímos el periódico. Después yo salí y jugué al tenis con mi novia, Carmen Alicia. Carmen Alicia y yo decidimos ir a cenar. Yo volví a casa y empecé a hacer la tarea. A las siete salí a buscar a Carmen Alicia. Llegué a su casa a las siete y media. Fuimos a cenar a un restaurante argentino excelente. Cuando ofrecí pagar, Carmen Alicia insistió: «Esta vez invito yo». //

# PASO 3

**I. Palabras.** [CD 4, track 30]

1. Una persona que tiene como profesión el asistir legalmente a las personas es un…
   a. equipo.
   b. juicio.
   c. abogado.

[pause]

2. Tradicionalmente, las personas que están en la cárcel quieren…
   a. parar.
   b. perder.
   c. escapar.

[pause]

3. Para vivir en una casa o apartamento, si no podemos comprar, podemos…
   a. alquilar.
   b. descansar.
   c. establecer.

[pause]

4. Cuando necesitamos reparar nuestro coche, necesitamos a un…
   a. fiscal.
   b. mecánico.
   c. camarero.

**J. Definiciones.** [CD 4, track 31]

1. Es una persona que ve un accidente y puede informar sobre lo que vio.
2. Es un programa de televisión con historias de amor y de pasiones.
3. Es decir una cosa y más tarde decir otra diferente.
4. Es el abogado que trabaja para el gobierno en los juzgados.

**K. ¿Quién fue?** [CD 4, track 32]

1. Esta persona estuvo casada con Mary Todd. //
2. Hizo mucho por la liberación de los esclavos en los Estados Unidos. //
3. Estuvo en Gettysburg después de una batalla muy importante. //
4. Dijo que quería la libertad para todos los estadounidenses. //
5. Estuvo presente en una representación teatral cuando murió a manos de John Wilkes Booth. //

**L. ¡Qué sorpresa!** [CD 4, track 33]
1. ¿Quién fue a la tienda a comprar comida? //
2. Me llamaron a la oficina. ¿Quién les dijo el número? //
3. ¿Quién hizo esta cena tan elegante? //
4. ¿Y quién hizo este pastel? //
5. Ustedes trabajaron mucho, ¿verdad? //

**M. En la residencia.** [CD 4, track 34]
1. Los cuartos son muy grandes y cómodos. Hay mucho espacio y los muebles son bonitos. //
2. La comida es mala. Algunos estudiantes dicen que están enfermos por la comida. //
3. No nos permiten fumar en la residencia para no molestar a los otros estudiantes. //
4. No podemos beber nada alcohólico en nuestros cuartos. //
5. Hay un cuarto especial para los estudiantes que tienen que estudiar. Allí no se permite hablar ni escuchar música. //

**N. Lo siento mucho.** [CD 4, track 35]
1. Quiero alquilar una habitación. //
2. ¿Usted puede reparar mi bicicleta? //
3. ¿Es aquí donde buscan camarero? //
4. ¿Me preparan una hamburguesa, por favor? //
5. ¿Quieren comprar mis libros del semestre pasado?

## Pronunciación

### Las letras *x, h, ch* [CD 4, track 36]

explicar // extraño // expresar // extra // externo // texto // mixto // sexto //

México // Texas // Xavier // Oaxaca //

examen // exagerar // exacto // sexo // oxígeno // existe // éxito // exótico //

hotel // hospital // ahí // ahora // hombre //

Chile // mucho // champú // muchacho // chocolate // rancho // chino // ancho //

### Acentuación [CD 4, track 37]

fácil // fácilmente // difícil // difícilmente //

rápido // rápidamente // último // últimamente //

automáticamente // públicamente // lógicamente // inútilmente //

### Dictado [CD 4, track 38]

1. Anoche el equipo ganó el partido y celebró su maravillosa victoria con regalos que recibieron del gobierno. //

2. La ruta que pasa por el lago y el volcán es espectacular. //
3. Los testigos gritaron cuando, durante el juicio, el acusado disparó y asesinó al juez. //

# CAPÍTULO 7
# Práctica de comprensión auditiva

## PASO 1

**A. Palabras.** [CD 5, track 2]
1. Una persona amable y correcta es una persona…
   a. puntual.
   b. bonita.
   c. cortés.

[pause]

2. Cuando no tenemos luz en la casa, si es de noche, usamos una…
   a. mentira.
   b. vela.
   c. obra.

[pause]

3. Una persona que llega siempre a la hora establecida es una persona…
   a. preciosa.
   b. gorda.
   c. puntual.

[pause]

4. Un buen modo de expresar los sentimientos es con…
   a. familiares.
   b. flores.
   c. bailes.

**B. ¿Quieres salir conmigo?** [CD 5, track 3]
FRANCISCO: Hola, Carmen. ¿Cómo estás?
CARMEN: Hola, Francisco. Estoy bien, gracias.
FRANCISCO: Oye, ¿quieres salir conmigo a cenar esta noche?
CARMEN: Pues sí, me encantaría.
FRANCISCO: Bueno, entonces paso a buscarte a las siete. Eh… a propósito, este fin de semana es el cumpleaños de tu mamá. ¿Qué le traigo?
CARMEN: Pues, si la quieres impresionar, puedes traerle unos chocolates. Yo siempre pongo unos chocolates al lado de su cama la noche de su cumpleaños. Le encantan los chocolates.

FRANCISCO: Bueno. Entonces salgo a comprar los mejores chocolates que pueda encontrar.

CARMEN: Y si no encuentras chocolates, también le gustan mucho las flores.

FRANCISCO: Perfecto. Entonces nos vemos a las siete.

CARMEN: Sí, a las siete.

Francisco: Con chocolates o con flores. //

**C. Problemas sentimentales.** [CD 5, track 4]
1. ¿Crees que es necesario llamar a María? //
2. ¿Tengo que invitar a María al ballet? //
3. ¿Cuándo compro los boletos? //
4. ¿Crees que es necesario invitar a sus dos mejores amigas también? //
5. ¿Tú quieres acompañarnos al ballet? //

**D. Es muy positivo.** [CD 5, track 5]
1. ¿Vamos a mirar el partido de fútbol ahora? //
2. ¿Puedes traer otra silla? //
3. ¿Preparo unos nachos? //
4. Después del partido, ¿me puedes llevar al supermercado en tu coche? //
5. ¿Me ayudas a buscar las cosas que necesito? //

**E. Flores** [CD 5, track 6]
1. Carlos trae fertilizantes para las flores. //
2. Ponemos fertilizante una vez a la semana. //
3. Mis tías me dicen que el fertilizante es muy importante. //
4. Hago todo lo necesario por las flores. //
5. Mis amigas dicen que nuestras flores son las más bonitas. //

**F. ¡Viene el novio!** [CD 5, track 7]
¡Qué emoción! Hoy viene mi novio Paco a cenar y a conocer a mis padres. Todos estamos muy ocupados. Yo pongo la mesa mientras mamá hace muchos platos especiales. Papá va a la tienda a comprar un buen vino francés. Mi hermano Roberto está trabajando en el jardín. Va a cortar unas flores para la mesa. Paco llega a las siete y ya son las seis. Creo que va a traer flores para mi madre. ¡Qué prisa tengo! //

# PASO 2

**G. Palabras.** [CD 5, track 8]
1. Una persona que no come carne es…
   a. secreta.
   b. vegetariana.
   c. verdura.
2. Lo que necesita para entrar en el cine, en un concierto o en un partido es el…
   a. alquiler.
   b. boleto.
   c. reseña.
3. En algunos países las autoridades mas altas son…
   a. la directora y el director.

b. la policía.
c. la reina y el rey.
4. Hay algunos vegetarianos que comen…
   a. pescado.
   b. dieta.
   c. carne.

**H. ¿Quieres salir?** [CD 5, track 9]
VICTORIA: ¡Aló! ¿Eduardo?

EDUARDO: Sí, Victoria, soy yo. ¿Cómo estás, mi amor?

VICTORIA: Fenomenal, ¿y tú?

EDUARDO: Bien, … perfecto. Te repito que a tu lado siempre estoy bien. Mi amor, ¿qué quieres hacer esta tarde?

VICTORIA: Mmmm … No sé. Podríamos ir al partido de fútbol, tal vez.

EDUARDO: Excelente idea. ¿Por qué no te paso a buscar a las seis?

VICTORIA: Sí, perfecto. Te espero a las seis.

EDUARDO: Bueno. Hasta luego, mi vida. //

**I. ¡Celebración!** [CD 5, track 10]
Es el último día de clase y un grupo de chicos decide celebrarlo. Las chicas consiguen información de un concierto, pero los boletos son muy caros y no los pueden comprar. Los chicos dicen que prefieren ir a bailar a una discoteca. Todos van a la discoteca, pero hay demasiada gente y no pueden entrar. Finalmente deciden ir a un restaurante donde sirven comida italiana. //

**J. A dieta.** [CD 5, track 11]
AMALIA: ¿Cómo va tu dieta?

LOLITA: Te digo que es difícil, muy difícil. Sigo una dieta muy difícil.

AMALIA: ¿Qué comes? Me imagino que no comes postres.

LOLITA: No, no como postres. En casa me sirven vegetales y fruta.

AMALIA: ¿Y si sales a comer?

LOLITA: En los restaurantes pido ensalada.

AMALIA: ¿Y no tienes hambre?

LOLITA: Sí, tengo hambre, repito.

AMALIA: ¿Estás más delgada?

LOLITA: Oh, sí.

AMALIA: A ver si me consigues una copia de tu dieta. Yo también necesito bajar de peso. //

# PASO 3

**K. Palabras.** [CD 5, track 12]
1. Una parte del cuerpo que normalmente asociamos con el amor es el…
   a. amigo.
   b. corazón.
   c. enamorado.

[pause]

2. Cuando queremos saber si una persona puede acompañarnos, preguntamos «¿Puedes venir…
   a. contigo?»
   b. conmigo?»
   c. consigo?»

[pause]

3. Cuando una persona ama a otra, decimos que esa persona está…
   a. ocupada
   b. respetada.
   c. enamorada.

[pause]

4. Cuando tenemos algún problema, nuestro objetivo es…
   a. odiar.
   b. resolverlo.
   c. ignorar.

**L. Radio Caracol.** [CD 5, track 13]

LOCUTOR: Esta tarde tenemos dos cartas. La primera nos viene de Barranquilla y es de una señorita. Así dice:

SEÑORITA: Querido Cupido: Solo pido conocer a un hombre con un trabajo bueno. Estoy cansada de ser pobre. No tiene que ser ni guapo ni joven.
Desesperada en Barranquilla.

LOCUTOR: Le deseamos mucha suerte a Desesperada. Y ahora la otra carta. Es de un joven que dice:

JOVEN: Querido Cupido: Tengo veinticuatro años y todavía no consigo encontrar al gran amor de mi vida. Busco una chica inteligente, rubia, alta, de ojos azules. La gente dice que soy guapo y trabajador. Impaciente en Cúcuta.

LOCUTOR: Amigos, ya saben que si desean comunicarse o con Desesperada en Barranquilla o con Impaciente en Cúcuta solo hay que llamar a Cupido en su estación favorita: Radio Caracol. //

**M. Están equivocados.** [CD 5, track 14]
1. Manolo está enamorado de Marcela, pero ella lo detesta. //
2. Susana dice que no va a salir más con Eduardo. Él dice que la quiere, pero no la respeta. //
3. Javier Camacho me fascina, pero nunca me invita a salir. //
4. Hace mucho tiempo que mi amiga Dolores sale con Antonio Martínez, y ahora dice que ya no lo ama. //
5. Armando está enamorado de mi hermana Catalina. Ella lo respeta y lo admira, pero no lo ama. //

**N. Amar es sufrir.** [CD 5, track 15]
1. Irene nunca quiere hablar conmigo. Cuando llamo, su compañera de apartamento contesta y siempre me dice que Irene no está. //
2. A veces creo que Irene me detesta. No me habla con amor. //
3. Voy a comprar flores y llevar las flores a su casa. //
4. ¿Crees que es necesario expresar mis sentimientos? //
5. ¿Qué quieres decir con eso? Tienes que explicarme lo que quieres decir. //

**O. ¡Qué tonto!** [CD 5, track 16]
1. ¿Cuál es nuestro número de teléfono? //
2. ¿Cómo se llama la chica que vive al lado? //
3. ¿Qué libros necesitamos para la clase de filosofía? //
4. ¿Es buena la profesora de francés? //
5. ¿En qué edificio es la clase de historia? //

**P. ¡Qué suerte!** [CD 5, track 17]
1. Adela siempre consigue las mejores habitaciones en la residencia. //
2. Parece que Adela le fascina a ese nuevo estudiante francés tan guapo. //
3. Van a aceptar a Adela en la orquesta de la universidad. //
4. Carlos Ortega pasa mucho tiempo con Adela. //
5. Adela tiene un buen trabajo en un banco del centro. //

# Pronunciación

## Las letras *s, z, c, q* [CD 5, track 18]

casa // mesa // presente // señor // seis // José // pasado // cansado //

mozo // zapato // raza // zona // azul // azafata // marzo // lazo //

cinco // quince // nación // cine // veces // cerveza // doce // trece //

casa // como // cosa // cuando // cuarto // buscar // color // capítulo //

que // quiero // quince // queso // quemar // quizás // química // quedarse //

## Acentuación [CD 5, track 19]

cuando // oigo // rey // pausa // cien // día // oír // tío // ataúd //

impresionar // puntual // familiares // guapo // vuelta // sabía // continua // sonreír // tía //

## Dictado [CD 5, track 20]

1. Las esmeraldas atraen a muchos turistas a Colombia.

2. Para conocer parte de la historia de Colombia, hay que visitar el Museo del Oro.
3. Algunos colombianos y colombianas disfrutan de las corridas de toros.

# CAPÍTULO 8

# Práctica de comprensión auditiva

## PASO 1

**A. Palabras.** [CD 5, track 21]
1. Una bebida chilena hecha con vino moscatel, lima y clara de huevo es…
   a. la sangría.
   b. el vino tinto.
   c. el pisco sour.

[pause]

2. Una fruta pequeña, roja, dulce y sabrosa es la…
   a. sandía.
   b. fresa.
   c. salchicha.

[pause]

3. Un marisco muy caro es…
   a. el salmón.
   b. el calamar.
   c. la langosta.

[pause]

4. Una verdura que también es una fruta es…
   a. el tomate.
   b. la piña.
   c. el durazno.

**B. En el Canto del Agua.** [CD 5, track 22]

CAMARERO: A sus órdenes, señores. ¿Ya saben lo que desean tomar?

SEÑORA: Bueno, a mí me puede traer el pescado frito. Un vaso de agua también, por favor.

CAMARERO: Sí, señora. Se lo traigo enseguida. ¿Y para la niña, señora?

SEÑORA: Para la niña le trae pavo asado y, de tomar, un vaso de leche.

CAMARERO: Muy bien, señora. La leche, ¿se la sirvo fría o caliente?

SEÑORA: Caliente, por favor.

CAMARERO: ¿Y para usted, caballero?

RAFAEL: Yo quiero una hamburguesa y un jugo de naranja.

SEÑORA: Por favor, hijo. En este restaurante no hay hamburguesas.

RAFAEL: Pero yo quiero una hamburguesa.

CAMARERO: Lo siento, pero no servimos hamburguesas.

SEÑORA: Rafael, basta… Mi hijo va a comer el pavo asado también.

CAMARERO: Muy bien, señora.

SEÑOR: ¿Y qué me puede recomendar para esta noche?

CAMARERO: Bueno, el bistec a la parrilla siempre es muy bueno y los camarones al ajillo son excelentes.

SEÑOR: Entonces el bistec y un vaso de vino tinto, por favor.

CAMARERO: Muy bien, señor. Les traigo sus bebidas primero, y la comida en 15 minutos. //

**C. ¿A quién?** [CD 5, track 23]
1. ¿Me trae una bebida, por favor? //
2. ¿Te pido un vaso de vino? //
3. ¿Nos trae el menú, por favor? //
4. ¿Les sirvo la comida ahora? //
5. ¿Me puede traer la cuenta, por favor? //

**D. La Empanada Clásica.** [CD 5, track 24]
1. ¿Cuándo van a traernos el menú? //
2. ¿Puedes pedirme algo para beber? //
3. ¿Qué me recomiendas para beber con la comida? //
4. ¿Qué van a servirnos ahora? //
5. ¿Puedes pasarme la sal? //

**E. ¡Correcto!** [CD 5, track 25]
1. Tu padre va a pedir comida china, ¿verdad? //
2. Tus tíos van a pedir mariscos, ¿verdad? //
3. Tus hermanas van a pedir fruta, ¿verdad? //
4. Yo debo pedir las hamburguesas, ¿verdad? //
5. Tú vas a pedir carne de res, ¿verdad? //

**F. ¡No come carne!** [CD 5, track 26]
1. ¿Te gustan los camarones? //
2. ¿Te gusta la langosta? //
3. ¿Te gusta el bistec? //
4. ¿Te gustan los mariscos? //
5. ¿Te gusta la carne de puerco? //

## PASO 2

**G. Palabras.** [CD 5, track 27]
1. Una forma muy típica de preparar los camarones es…
   a. a la cazuela.
   b. revueltos.
   c. al ajillo.

[pause]

2. El cubierto que usamos normalmente para tomarnos la sopa es…
   a. la botella.
   b. la cuchara.
   c. el tenedor.

[pause]

3. Lo que comemos antes del plato principal, como una especie de aperitivo, es…
   a. la cena.
   b. el desayuno.
   c. el entremés.

[pause]

4. A veces, las papas se comen…
   a. heladas.
   b. a la piña.
   c. fritas.

**H. Otra vez en Canto del Agua.** [CD 5, track 28]

MOZO: Buenas tardes, señores. ¿Qué les gustaría pedir hoy?

ALDO: Buenas tardes. A mí me puede traer la sopa del día, pero me la sirve bien caliente, por favor. Y luego carne asada con papas fritas. Además, quiero una ensalada mixta.

MOZO: Bueno. Y a usted, ¿qué se le ofrece esta tarde, señorita?

ELENA: Yo quisiera la sopa de mariscos, el pescado frito y una ensalada mixta, por favor.

MOZO: Muy bien. ¿Desean tomar algo más? El vino chileno "Casillero del diablo" es exquisito. Se lo recomiendo.

ALDO: Bueno. Entonces dos copas, por favor.

MOZO: A sus órdenes. //

**I. Demasiados invitados.** [CD 5, track 29]
1. Para mí, vino tinto, por favor. //
2. ¿Dónde está la sal? //
3. ¿Hay café? //
4. Los niños quieren saber si hay refrescos. //
5. ¡Queremos postre! //

**J. ¿Quién compró estas cosas?** [CD 5, track 30]
1. Mira las flores que recibió la tía Esmeralda. //
2. Mira el nuevo televisor que recibieron mis abuelos. //
3. Mira los coches que recibieron mis primos. //
4. Mira los vasos que recibimos. //
5. Mira la nueva computadora que recibí. //
6. Mira los muebles que tengo en mi cuarto. //

# PASO 3

**K. Palabras.** [CD 5, track 31]
1. Una persona que conoce muchas ciudades y países es una persona…
   a. sostenible.
   b. cosmopolita.
   c. estrecho.

[pausa]

2. Cuando la comida está muy muy buena, decimos que está…
   a. bien.

b. pésima.
c. deliciosa.

[pausa]

3. Una danza típica de Chile es…
   a. la cueca.
   b. el pasodoble.
   c. el tango.

[pausa]

4. Una manera de reconocer el buen servicio en un restaurante es…
   a. la sangría.
   b. el pisco sour.
   c. la propina.

**L. ¡Delicioso!** [CD 5, track 32]

SEÑORA: A ver, Rafael, ¿cómo está el pavo?

RAFAEL: Está bien, pero prefiero las hamburguesas.

NIÑA: Pues, yo creo que está riquísimo. Está para chuparse los dedos.

SEÑOR: Sí, el pavo siempre es bueno en este restaurante. Bueno. Si has terminado, ¿nos vamos?

SEÑORA: Está bien. Creo que ya podemos pedir la cuenta.

SEÑOR: Muy bien. Tsts, tsts, mozo.

MOZO: Sí, señor. ¿Desean ustedes otra cosa?

SEÑOR: La cuenta, por favor. //

**M. ¡Todo está mal!** [CD 5, track 33]
1. ¿Te gusta el mozo? //
2. ¿Te gusta el restaurante? //
3. ¿Te gusta el café? //
4. ¿Te gusta la mesa? //
5. ¿Te gusta el vino? //
6. ¿Te gustan los cubiertos? //

**N. Un nuevo restaurante.** [CD 5, track 34]
Hoy mi padre y yo estamos contentísimos porque mañana vamos a abrir un nuevo restaurante chileno. Nosotros trabajamos mucho para tenerlo listo a tiempo. Estamos muy cansados, pero no importa. Mañana va a ser un día muy especial para nuestra familia. ¡Qué orgullo! //

**O. Regalos de Navidad.** [CD 5, track 35]
1. ¿Qué le vas a dar a mamá? //
2. ¿Qué les vamos a dar a nuestros primos? //
3. ¿Qué crees que nos van a dar los abuelos? //
4. ¿Qué te va a regalar tu novia? //
5. ¿Qué le debo dar a mi profesor? //

**P. El 26 de diciembre.** [CD 5, track 36]
1. ¿Qué le diste a papá? //
2. ¿Qué les dieron los primos a nuestros tíos? //
3. ¿Qué te dieron Ricky y Graciela? //
4. ¿Qué le diste a tu novia? //
5. ¿Por qué no me diste nada a mí? //

## Pronunciación

### Las letras *m, n, ñ* [CD 5, track 37]

mujer // nada // más // mes // nunca // nueve //

invitación // con prisa // un baile // convenir // con María // un vecino // convidar // un pueblo // un mapa //

otoño // compañero // señora // mañana // pañuelo // pequeño //

El dueño es pequeño. //

La niña va a la viña. //

### Dictado [CD 5, track 38]

1. Chile se encuentra en el extremo suroeste de Sudamérica, y tiene más de 5800 islas e islotes. //
2. Actualmente este país se encuentra entre los mayores exportadores de salmón, ocupando el segundo lugar en el mundo. //
3. Chile tiene más de 15 millones de habitantes, de los que un 6% son indígenas. //

# CAPÍTULO 9

# Práctica de comprensión auditiva

## PASO 1

**A. Palabras.** [CD 6, track 2]
1. Cuando el cielo está claro, sin nubes decimos que está…
   a. frío.
   b. despejado.
   c. nublado.

[pause]

2. Cuando un evento se hace fuera de la casa o del edificio, decimos que se hace…
   a. buen tiempo.
   b. calentamiento global.
   c. al aire libre.

[pause]

3. Cuando el cielo está lleno de nubes y no se ve el sol,…
   a. llovizna.
   b. está nublado.
   c. llueve.

[pause]

4. La persona que estudia y predice el tiempo para una zona es…
   a. dramaturga.
   b. meteoróloga.
   c. pronóstico.

**B. ¡Qué buen pronóstico!** [CD 6, track 3]
Y ahora Radio Boca Ratón les trae el pronóstico del tiempo…
Hoy tendremos cielos despejados, temperatura entre 35 y 37 grados centígrados, brisas ligeras, con posibilidad de nubes en la tarde. Durante el resto de la semana no anticipamos mucho cambio con excepción de cielos nublados. Hay posibilidad de lluvia durante el fin de semana. //

**C. El informe del tiempo.** [CD 6, track 4]
1. En este momento la temperatura está en 104 grados Fahrenheit y va a bajar durante la noche a 94 grados Fahrenheit. //
2. La visibilidad esta mañana es de solo diez metros. No recomendamos usar el coche. //
3. En las montañas esperamos mucha precipitación, con una temperatura de 55 grados Fahrenheit. //
4. La temperatura sigue bajando cada día. Para el fin de semana va a bajar a 32 grados Fahrenheit. //
5. El huracán está a poca distancia de la costa de la Florida. Se esperan vientos de 70 a 80 millas por hora. //

**D. ¿Conoces tu país?** [CD 6, track 5]
1. Mucha gente va a la Florida en el invierno porque allí hace frío. //
2. En la costa de Texas hace muchísimo calor en el verano. //
3. En Boston y en Nueva York casi nunca hace frío. //
4. En San Francisco hace mucho calor todo el año. //
5. En Minnesota siempre hay huracanes. //

**E. Consecuencias del clima.** [CD 6, track 6]
1. En el norte de México llueve muy poco y es árido. //
2. Cuando llega el huracán a la costa, mucha gente abandona su casa. //
3. En Montana, en invierno la temperatura baja muchas veces a 32 grados Fahrenheit. //
4. En Boston, en la primavera llueve con frecuencia. //
5. En la selva tropical llueve mucho. //

## PASO 2

**F. Palabras.** [CD 6, track 7]
1. Un pez cuando ya no está vivo es un…
   a. pescado.
   b. pijama.
   c. coche.

[pause]

2. Si necesitamos comprar para comer y no somos vegetarianos vamos a la…
   a. sala.
   b. librería.
   c. carnicería.

[pause]

3. Un objeto que sirve para levantarnos a la hora que queremos es…
   a. el despertador.
   b. la cama.
   c. la alcoba.

[pause]

4. Una de las actividades que algunos hombres hacen al levantarse es…
   a. acostarse.
   b. dormirse.
   c. afeitarse.

**G. Desesperada.** [CD 6, track 8]

Queridas amigas: ¿Qué puedo hacer? Soy madre de tres niños y no tengo tiempo para nada. Llevo una vida loca. El despertador me despierta a las cinco de la mañana todos los días. Mi marido siempre lo ignora. Me levanto, me baño en cinco minutos y empiezo a correr. Me visto de prisa mientras mi esposo prepara el desayuno. Él desayuna, y yo despierto a los niños para que se preparen para la escuela. Mi esposo los lleva a la escuela en un coche y yo voy al trabajo en el otro. Después del trabajo, compro comida y corro a preparar la cena. Después de comer, mi esposo acuesta a los niños y se sienta a mirar la tele mientras yo lavo la ropa o limpio la casa. Nunca me acuesto antes de las dos de la mañana. No puedo continuar así. Por favor, díganme qué puedo hacer. Desesperada. //

**H. Conversaciones en la universidad.** [CD 6, track 9]

1. Dime, Luis Alfonso, ¿por qué no fuiste a la clase de química esta mañana? //
2. ¿Qué pasa, Carmen? ¿Tienes frío? //
3. ¿Por qué te levantas de la mesa, José Antonio? ¿Adónde vas? ¿Por qué tienes tanta prisa? //
4. ¡Ay! ¡Qué mal me siento! Tengo mucho calor y estoy sudando. //
5. Oye, Eduardo, ¿no tienes una entrevista esta tarde? //

# PASO 3

**I. Palabras.** [CD 6, track 10]

1. Una serie de calles forman una…
   a. línea.
   b. cuadra.
   c. calle.

[pause]

2. Un lugar donde se fabrica el pan es…
   a. una tortillería.
   b. una frutería.
   c. una panadería.

[pause]

3. Si algo es fácil de hacer decimos que lo puede hacer…
   a. cualquiera.
   b. todos.
   c. ninguno.

[pause]

4. Cuando caminamos por la ciudad es frecuente doblar…
   a. el capitolio.
   b. la parada de autobús.
   c. la esquina.

**J. ¿Cómo llego?** [CD 6, track 11]

ÁNGEL: Hola, Mario. Habla Ángel. ¿Qué tal?

MARIO: Hola, Ángel. Qué bueno que llamaste porque no sé a cuál cine vamos.

ÁNGEL: Vamos al Rialto.

MARIO: Está bien, pero no sé ni dónde está el Rialto ni cómo llegar.

ÁNGEL: Bueno, de tu casa tienes que ir por la calle Alhambra hasta llegar al Banco Comercial en la calle Santiago. Allí, dobla a la derecha y sigue derecho por unas cinco o seis cuadras. Después de pasar el parque, tienes que tomar la calle Robles a la izquierda. De ahí son dos cuadras y ya estás.

MARIO: Así que pasando el parque doblo a la izquierda en Robles.

ÁNGEL: Sí, y sigues dos cuadras más. El Rialto está a la derecha. Ahí te espero a las tres.

MARIO: Hasta entonces, pues.

ÁNGEL: Hasta luego, Mario. //

**K. Problemas y soluciones.** [CD 6, track 12]

1. Tengo que leer el capítulo tres. //
2. Tengo que escribir los ejercicios. //
3. Tengo que escuchar bien cuando estoy en clase. //
4. Tengo que aprender bien la lección. //
5. Tengo que ir a la biblioteca. //

**L. Del pensamiento al acto.** [CD 6, track 13]

1. Juan Pedro no hizo la cama. Tiene que hacerla. //
2. No tenemos leche. María Cristina puede ir a la tienda a comprarla. //
3. Luisito está tan sucio. Se debe bañar. //
4. Necesito ayuda para preparar la cena. A ver si mi esposo puede venir temprano del trabajo. //
5. Ay, Catalina está todavía en pijama. Tiene que vestirse. //

# Pronunciación

## Las letras *ll, y* [CD 6, track 14]

llamo // millón // llegamos // pollo // playa // ayuda // mayonesa // ayer //

Yo llevo la llave. //

Si llueve, no vamos a la playa. //

doy // hay // voy // rey // hoy y mañana //

Hoy hay muy poca ayuda. //

El yate del rey llega en mayo. //

### Acentuación [CD 6, track 15]

1. Panamá //
2. Montevideo //
3. Alarcón //
4. adiós //
5. inglés //
6. Bárbara
7. Haití
8. inteligente
9. después
10. Perú

### Dictado [CD 6, track 16]

1. En todo el suroeste de los Estados Unidos se ve una profunda influencia hispánica, notable en los nombres de estados, ciudades, calles, ríos y montañas.
2. Los hispanos ya establecidos en el país son ahora una parte integral de la cultura estadounidense.
3. Cada vez más en los Estados Unidos se ve que los hispanos son una fuerza potente y vital.

# CAPÍTULO 10
# Práctica de comprensión auditiva

## PASO 1

**A. Palabras.** [CD 6, track 17]
1. Un objeto que se usa para controlar y apagar los fuegos en la casa es el…
   a. extintor.
   b. médico.
   c. bombero.

[pause]

2. Despúes del octavo viene el…
   a. noventa.
   b. quinto.
   c. noveno.

[pause]

3. En algunas islas del Caribe y en las costas del Atlántico ocurren…
   a. huracanes.
   b. accidentes.
   c. hemorragias.

[pause]

4. En California se sufren bastantes…
   a. quemaduras.
   b. terremotos.
   c. venenosos.

**B. Para la buena salud.** [CD 6, track 18]
1. Cuide su salud. No olvide su chequeo médico anual. //
2. ¿Su estado físico no está bien? Lo invitamos a nuestro gimnasio en el centro de nuestra ciudad. //
3. Si deja de fumar, se sentirá mucho mejor. //
4. Antes de ir a una fiesta, tome varios vasos de nuestro tequila y verá que la conversación será mucho más agradable. //
5. Para mantenerse en forma, piense siempre en lo positivo. //

**C. ¡Cuídate!** [CD 6, track 19]
1. Tienes que comer bien, hijo. Es muy importante para tu salud. //
2. Lo esencial, hija mía, es estudiar todos los días. No lo olvides. //
3. Dicen que en las residencias se toma mucho. No quiero pensar que ustedes van a tomar bebidas alcohólicas. //
4. Sé que vas a tener mucho que hacer, pero queremos que nos escribas una carta, por lo menos una vez por semana. //
5. No queremos que te preocupes por la cuenta del teléfono. Es importante que nos llames dos o tres veces por semana. //

**D. Un entrenador muy exigente.** [CD 6, track 20]
Insisto en que ustedes tomen un buen desayuno. Hay muchas posibilidades, pero, por ejemplo, sugiero que desayunen huevos y salchicha. El jugador de fútbol tiene que estar en forma. Por esa razón pasamos tanto tiempo ayer haciendo gimnasia y ejercicios aeróbicos. Quiero que hagan los nuevos ejercicios que les enseñé hoy. También les aconsejo que salgan a correr por la mañana, antes de desayunar. Y les repito algo muy importante. Insisto en que no fumen porque no hay nada más peligroso para la salud de un atleta. Y no olviden que somos un equipo y que tenemos que aprender a jugar juntos. Por eso insisto en que vengan a las prácticas todos los días. //

**E. ¡Anímate!** [CD 6, track 21]
1. Este semestre no puedo estudiar. Estoy muy desorganizado. No sé si debo pedir ayuda a un tutor. ¿Qué me recomiendas? //
2. Siempre hay mucho ruido en mi habitación y no puedo concentrarme. ¿Cómo voy a estudiar para los exámenes de la semana que viene? //
3. Tengo la impresión de que estoy comiendo mal. No desayuno, para el almuerzo como pizza o

chocolate con un refresco, y muchas veces no tengo tiempo para cenar saludable. //

4. ¿Sabes? Me aburro estudiando porque estoy seguro de que no voy a salir bien en los exámenes. Por eso, muchas veces, cierro los libros y me voy a una fiesta. //

5. No sé cómo voy a terminar todo el trabajo que tengo. No he comenzado a tiempo y me he atrasado mucho. //

**F. ¡Sí, doctora!** [CD 6, track 22]
1. Oígame, señorita. Usted no puede seguir fumando una cajetilla de cigarrillos al día. Eso es muy malo para la salud. //

2. Usted tiene que dejar de tomar tanta cerveza. El alcohol es malo para la salud y tiene muchas calorías. Deje de tomar alcohol y va a sentirse mejor. //

3. Su dieta es mala, señorita. Nadie puede estar en forma si come pizza y postres dos veces al día. Necesita evitar todo eso y planear comidas sanas. //

4. Una mujer de su edad, señorita, no puede pasar sus ratos libres sentada frente al televisor tomando refrescos y comiendo chocolates. Usted debe salir a caminar o a correr o empiece una clase de gimnasia. //

5. Tiene el colesterol un poco alto. Creo que debe comer pollo y pescado y evitar el bistec y las hamburguesas. //

# PASO 2

**G. Palabras.** [CD 6, track 23]
1. En caso de terremoto, es importante cerrar…
   a. las llaves de paso.
   b. la destinación.
   c. el aceite.

[pause]

2. Cuando tenemos algún accidente grave es obligatorio llamar a…
   a. la biblioteca.
   b. la secretaria.
   c. la policía.

[pause]

3. Los conductores tienen que estar muy atentos a las señales de…
   a. emergencia.
   b. culpa.
   c. atención.

[pause]

4. Cuando tenemos un accidente pero no hay víctimas ni heridos…
   a. tenemos la oportunidad.
   b. prestamos atención.
   c. tenemos suerte.

**H. Más palabras.** [CD 6, track 24]
1. Cuando ocurre un crimen, la policía busca un…
   a. miedo.
   b. sospechoso.
   c. bombero.

[pause]

2. La persona que conduce o maneja un vehículo es el…
   a. asesino.
   b. chofer.
   c. carro.

[pause]

3. En los accidentes, normalmente una persona…
   a. trata de viajar.
   b. está segura.
   c. tiene la culpa.

[pause]

4. En los accidentes, los servicios de urgencias deben…
   a. llegar a tiempo.
   b. tener suerte.
   c. tener la culpa.

**I. ¡Una mala aventura!** [CD 6, track 25]
Mis amigos y yo salimos en mi carro el domingo por la tarde. Desafortunadamente, yo no puse suficiente gasolina en el carro. Cuando llegamos al lago, el carro no quiso seguir. Mi amigo Jorge anduvo cinco kilómetros para comprar gasolina. Él trajo tres litros de gasolina. Por suerte, nosotros pudimos salir de allí antes del anochecer. //

**J. ¡Fue terrible!** [CD 6, track 26]
Ayer fui testigo de un terrible accidente en la carretera. Chocaron cuatro carros. Los cuatro quedaron destrozados y hubo muchos heridos. Tuve que ayudarlos. Vinieron los bomberos y la policía, y también cinco ambulancias. Llevaron a los heridos al hospital. Los policías me hicieron muchas preguntas, y les contesté, pero me fue difícil hablar porque estaba muy nerviosa. Es importante manejar cuidadosamente. Nadie quiere tener un accidente como el accidente que yo vi. //

**K. Somos unos angelitos.** [CD 6, track 27]
1. ¿Siempre hacen ustedes mucho ruido en las fiestas? //
2. ¿Alguien bebe mucho? //
3. ¿Alguno de sus amigos es violento? //
4. ¿Rompieron ustedes algo alguna vez? //
5. ¿Alguien usa drogas? //

**L. Preparaciones para la fiesta.** [CD 6, track 28]
1. No, nunca organicé una fiesta. //
2. No, nadie me puede ayudar. //
3. No, no conozco a ningún músico. //

4. No, no tengo ningún aperitivo. //
5. No, no tengo ningún refresco tampoco. //

## PASO 3

**M. Palabras.** [CD 6, track 29]
1. Los poemas deben tener…
   a. ritmo.
   b. objeto.
   c. alguno.

[**pause**]

2. Una persona que es muy inteligente y que lee mucho y sabe mucho es…
   a. una autoridad.
   b. una intelectual.
   c. un caballero.

[**pause**]

3. En las ciudades, en las plazas hay…
   a. primitivista.
   b. estatuas.
   c. puntos.

[**pause**]

4. Un tipo de pintura nicaragüense es la…
   a. metáfora.
   b. estrofa.
   c. primitivista.

**N. ¡Otro delito!** [CD 6, track 30]

POLICÍA: Bueno, señores, díganme lo que pasó.

SR. MALDONADO: Pues, íbamos caminando tranquilamente cuando de repente un hombre se nos acercó y sacó una pistola. No sé de dónde vino. Todo pasó tan rápidamente.

POLICÍA: ¿Les dijo algo?

SRA. MALDONADO: Sí, bien me acuerdo. Nos dijo: «O su dinero o la vida».

POLICÍA: ¿Y qué les robó?

SR. MALDONADO: Pues a mí me robó la billetera. Tenía casi cien dólares y todas mis tarjetas de crédito guardadas ahí. También se llevó mi reloj.

SRA. MALDONADO: Yo no llevaba dinero, pero me robó los anillos y el reloj. Y entonces el maldito tuvo la audacia de despedirse con cortesía.

POLICÍA: ¿Pueden describirlo con detalle?

SR. MALDONADO: Era alto, de unos seis pies, con los ojos claros.

SRA. MALDONADO: Y el pelo negro como la noche, feísimo de cara.

POLICÍA: Muy bien, señores, muchas gracias. Vamos a hacer todo lo posible para encontrarlo. //

**O. ¡Ladrón!** [CD 6, track 31]
Anoche estuve en una fiesta y me divertí mucho. A eso de las doce y media, me despedí de mis amigos y regresé a la residencia. Me acosté a la una de la mañana y me dormí en seguida. Entonces me desperté cuando sentí un ruido. Mi compañera de cuarto y yo nos levantamos rápidamente. Yo busqué algo para defenderme, pero solo encontré el libro de español. Cuando vi al ladrón le pegué en la cabeza con el libro de español. El ladrón gritó y salió corriendo de nuestro cuarto. El ladrón se escapó, pero gracias a mi libro de español, no se llevó nada. //

**P. Robin Hood.** [CD 6, track 32]
1. ¿Qué le pasó al bandido? (morir) //
2. ¿Dónde obtuvo el dinero? (conseguir) //
3. ¿Quiénes trataron de capturar a Robin Hood? (perseguir) //
4. ¿Quién se rió del rey? (reírse) //
5. ¿Cómo pudo escaparse Robin Hood? (vestirse) //

**Q. Programa de televisión.** [CD 6, track 33]
El esposo volvió a casa. Le trajo flores a su esposa. Ella le dijo: «gracias». La esposa le preguntó por qué volvió tan tarde. Él contestó que no pudo salir de la oficina hasta las ocho por todo el trabajo que tenía que hacer. Pero no fue cierto. El esposo salió de la oficina a las cinco como todos los días, pero no volvió a casa; se fue a tomar una cerveza con su secretaria. La esposa pensó: «Cuando yo llamé a su oficina a las seis, nadie contestó». Pero decidió no pedir explicaciones. //

## Pronunciación [CD 6, track 34]

1. pelea
2. bueno
3. buenaventura
4. coágulo
5. Dios

### Acentuación [CD 6, track 35]

1. *shampoo*     champú
2. *baseball*    béisbol
3. *to click*    cliquear
4. *penalty*     penalti
5. *home run*    jonrón

### Dictado [CD 6, track 36]

1. Una de las grandes preocupaciones entre los jóvenes es la violencia que abunda en todos los niveles de la sociedad. //
2. La violencia puede ocurrir tanto en los campos de batalla como en campos deportivos. //
3. Sabemos que la violencia no solo se manifiesta físicamente sino también psicológicamente. //

# CAPÍTULO 11
# Práctica de comprensión auditiva

## PASO 1

**A. Palabras.** [CD 7, track 2]
1. Cuando tenemos un problema de salud que no se puede resolver con medicinas, a veces requerimos…
    a. ginecología.
    b. quehaceres.
    c. cirugía.

[**pause**]

2. Costa Rica es teóricamente un país pacifista porque no tiene…
    a. medio ambiente.
    b. ejército.
    c. cancha.

[**pause**]

3. En los Estados Unidos hubo muchas protestas por causa de…
    a. la infancia.
    b. la discriminación racial.
    c. la educación primaria.

[**pause**]

4. Un animal que desova en las playas de Costa Rica es…
    a. el pájaro.
    b. la tortuga.
    c. el mono.

**B. Ah, los niños.** [CD 7, track 3]
PAPÁ: Dime, hija. ¿Qué pasó?
HIJA: Bueno, papi. Yo le pegué a Ricardo.
PAPÁ: ¿Le pegaste? ¿A tu hermanito? ¿Por qué hiciste eso?
HIJA: Pues, papi, yo estaba con Marcela en el patio. Llevábamos unos vestidos muy lindos porque acabábamos de regresar de la iglesia. Charlábamos cuando apareció Ricardo con una pistola de agua. Y comenzó a disparar agua sobre nuestros vestidos nuevos. Por eso le pegué hasta que empezó a gritar. Fue en ese momento que llegó mamá.
PAPÁ: Hija mía, hay que tener mucha paciencia con tu hermano. Él es más pequeño que tú. Además, la violencia no soluciona nada. Ahora quiero que le pidas perdón a tu hermanito. ¿Está bien?

HIJA: Sí, papi. //

**C. Nostalgia de la niñez.** [CD 7, track 4]
¡Qué cansado estoy! ¡Cómo echo de menos los veranos de mi juventud! Cuando tenía doce años, el verano era muy diferente. Mi hermano mayor me llevaba a la playa con sus amigos y allí nadaba, y corría y jugaba al voleibol con ellos. Íbamos mucho a la casa de nuestros tíos. Ellos invitaban a toda la familia y pasábamos los domingos todos juntos, comiendo en su casa y divirtiéndonos. Mi madre tenía un jardín con muchos vegetales diferentes, y preparaba con ellos muchos platos deliciosos y ensaladas fabulosas. Mi padre era dueño de una tienda de ropa y a veces me llevaba con él. Yo lo ayudaba y todos los clientes me conocían y me saludaban. Mis amigos y yo jugábamos al béisbol en el parque. ¡Qué diferencia con el verano que estoy viviendo ahora! //

**D. ¡Cómo cambiamos con los años!** [CD 7, track 5]
¡Cómo cambian las cosas! Antes, mi familia vivía en San José, pero ahora tenemos una casa fuera de la ciudad. Mi padre trabajaba antes de camionero — manejaba un camión para un supermercado. Pero siguió cursos en la Universidad de San José y ahora tiene un empleo muy bueno en el Banco de Costa Rica. Antes, mi madre no trabajaba fuera de la casa, porque éramos cinco hermanos y tenía mucho que hacer en la casa. Pero ahora que estamos todos grandes, ella también estudió y llegó a ser profesora en una escuela primaria. Enseña en una clase de cuarto grado y le gusta mucho el trabajo que tiene. Mi abuela, que antes trabajaba de dependienta en una tienda y que vivía en otra ciudad, ya no trabaja. Hace dos años que vino a vivir con nosotros. Yo en la escuela secundaria no sabía lo que quería hacer con mi vida, pero en el último año tomé química. Me interesó tanto que me especialicé en química en la universidad y ahora trabajo en un laboratorio. Ahora quiero ser profesora y estoy tomando cursos de noche para poder enseñar química en la escuela secundaria. Espero poder empezar mi nueva profesión el año que viene. //

**E. La escuela primaria.** [CD 7, track 6]
Me llamo María Luisa, pero mis amigos me llaman Mari. Soy muy trabajadora. Ayudo a mi mamá todos los días. Me gusta mirar la televisión, pero siempre tengo que hacer mi tarea primero. Los fines de semana salgo a jugar con mi amiga Pepita. Tengo un hermano menor que es terrible. Él tiene cuatro años. También tengo un perrito que se llama Chucho. Algunas veces quiero más a Chucho que a mi hermano. //

**F. ¡Hogar, dulce hogar!** [CD 7, track 7]

1. Ahora yo tengo que lavar la ropa. //
2. Ahora yo tengo que pagar las cuentas. //
3. Ahora yo tengo que comprar toda la comida. //
4. Ahora yo tengo que cocinar. //
5. Ahora yo tengo que limpiar el apartamento. //

**G. Nos interesa el béisbol tanto como antes.**
[CD 7, track 8]

1. Ahora vamos a un partido de béisbol todos los fines de semana. //
2. Mis hermanos y yo somos muy aficionados al deporte. //
3. Los Yanquis son nuestro equipo favorito. //
4. Siempre vemos a los Yanquis cuando juegan en nuestra ciudad. //
5. Nuestros padres van con nosotros. //

**H. Trabajo social.** [CD 7, track 9]

1. Es necesario saber si iba a todas sus clases. //
2. Es necesario saber si miraba mucho la tele. //
3. Es necesario saber en qué materias era bueno. //
4. Es necesario saber si iba a casa después del colegio. //
5. Es necesario saber si veía a sus amigos todos los días. //

# PASO 2

**I. Palabras.** [CD 7, track 10]

1. Cuando un volcán explota y expulsa lava decimos que…
   a. se pincha.
   b. entra en erupción.
   c. desconecta.

[pause]

2. El día anterior a ayer es…
   a. pasado mañana.
   b. anteayer.
   c. anoche.

[pause]

3. La parte de la televisión que nos permite ver es…
   a. el teatro.
   b. el sonido.
   c. la pantalla.

[pause]

4. Una preocupación de la ecología es que el turismo sea…
   a. provechoso.
   b. sostenible.
   c. unido.

**J. Y más excusas…** [CD 7, track 11]

PROFESOR: A ver, Abelardo, la tarea para hoy, ¿dónde está?

ABELARDO: Ay, profesor, no hice la tarea anoche, pero yo no tengo la culpa. En el momento en que iba a enchufar la computadora se nos fue la electricidad.

PROFESOR: ¿No tuvieron electricidad en toda la noche?

ABELARDO: Sí, volvió en unos veinte minutos, pero entonces no funcionaba mi computadora.

PROFESOR: ¿Y por qué no fuiste al centro de informática de la universidad?

ABELARDO: Iba a ir, pero mi carro no funcionó.

PROFESOR: ¿Y no era posible ir en autobús?

ABELARDO: Sí, pero el autobús tardó mucho en venir y cuando llegué ya estaba cerrado el centro.

PROFESOR: Bueno, Abelardo, en el futuro debes empezar la tarea para esta clase con más anticipación. Lo siento mucho, pero hoy tengo que darte una nota mala. //

**K. Explicaciones.** [CD 7, track 12]

1. ¿Por qué no fuiste al cine? (no tener ganas) //
2. ¿Por qué no lavaste el coche? (hacer) //
3. ¿Por qué no fuiste al concierto? (estar enfermo) //
4. ¿Por qué no llamaste a tus tíos? (saber) //
5. ¿Por qué no fuiste a la panadería? (ser) //

**L. ¿Por qué no viniste?** [CD 7, track 13]
Yo iba a salir cuando me llamó una amiga por teléfono. Ella me dijo que necesitaba ayuda urgentemente. Estaba sola y se sentía muy enferma. Fui en seguida a su casa. Cuando la vi le dije que a mí me parecía que debía ir al hospital. La llevé al hospital en mi coche y me quedé con ella toda la noche. No regresé a casa hasta esta mañana. Tenía tanto sueño que me acosté en seguida y dormí unas tres horas. //

**M. ¡Maldita computadora!** [CD 7, track 14]
Anoche, mientras yo trabajaba en la computadora, de repente sonó el teléfono. Cuando yo lo contesté, nadie decía nada. Yo regresé a la computadora a trabajar cuando de repente hubo un corte de electricidad. Traté de recuperar mi trabajo, pero simplemente no había nada en la memoria de la computadora. //

**N. Alejandro el mecánico.** [CD 7, track 15]
De niño, siempre jugaba con coches de juguete. Cuando me ofrecían regalos, nunca pedía un animal de peluche. Me interesaban solamente los coches y otras máquinas. A los dieciséis años me compraron mi primer coche y me gustaba más estudiar el motor que manejar. Pasaba mucho tiempo en el garaje arreglando los coches de mis amigos.

Fui a la universidad, donde estudié derecho y me hice abogado. Conseguí un empleo muy bueno y ganaba mucho dinero, pero siempre pensaba en la felicidad que sentía cuando arreglaba motores. Un día, decidí cambiar de vida. Les dije en la oficina que me iba. Con el dinero que tenía en el banco abrí un taller. Ahora me dedico a los coches como mecánico profesional. Tengo las manos sucias, pero el corazón contento. //

## PASO 3

**O. Palabras.** [CD 7, track 16]
1. Si tienes miedo de hacer una actividad, dices…
   a. hago la ruta.
   b. es inolvidable.
   c. no me atrevo.

[pause]

2. Para una persona que vive y trabaja en Costa Rica es importante ser…
   a. experto.
   b. bilingüe.
   c. aburrida.

[pause]

3. Una de las pruebas más duras de los juegos olímpicos es…
   a. el maratón.
   b. el campo de golf.
   c. el descenso.

[pause]

4. Normalmente, cuando vamos de vacaciones a otro lugar, a nuestros amigos les enviamos…
   a. postales.
   b. canoas.
   c. cheques.

**P. Unas vacaciones en Costa Rica.** [CD 7, track 17]
TOMÁS: Es increíble pensar que ya hemos estado aquí ocho días.
FABIOLA: Sí. Hoy es miércoles y para esta hora el viernes ya estaremos en el vuelo de regreso.
TOMÁS: Pero ya hemos visto casi todo lo principal, ¿no?
FABIOLA: Bueno, todavía no hemos visitado el volcán Poas, pero mañana hacemos esa excursión, ¿verdad?
TOMÁS: Sí, pero también nos falta visitar el Museo de Oro y el Teatro Nacional. No podemos decir que estuvimos en San José y no visitamos esos dos lugares.
FABIOLA: Pues, tendremos que visitarlos esta tarde porque la excursión de mañana va a tomar todo el día. Y el viernes salimos muy temprano.
TOMÁS: Bueno, … pero yo pensaba escribir tarjetas postales esta tarde. Todavía no les he mandado una a mis amigos Jaime y Josefina.
FABIOLA: Y yo no le he comprado nada a tu mamá. Si el museo tiene una tienda, a lo mejor encuentro algo típico allí.
TOMÁS: Ay, sí. Cualquier excusa para ir de compras otra vez, ¿no?
FABIOLA: ¡Ay, no digas eso! //

**Q. ¡Qué vacaciones!** [CD 7, track 18]
¡Qué nerviosa estoy! Todos dicen que están listos para el viaje a Costa Rica, pero nadie ha hecho nada. Jorge todavía necesita hacer la maleta. Mi esposo necesita arreglar una ventana que está rota. Mi hija todavía tiene que comprar un traje de baño. Yo debo ir al banco a sacar dinero. Y nadie llevó el perro a casa de mis padres. No veo cómo vamos a estar listos para salir esta noche. Tal vez debemos quedarnos en casa. //

**R. Una vida nueva.** [CD 7, track 19]
1. Jorge y Mario deben dejar de fumar. //
2. Bernardo debe ponerse a dieta. //
3. Elisa debe comprarse una bicicleta. //
4. Tú debes volver a comer bien. //
5. Tú y tu hermano deben hacerse miembros de un gimnasio. //

## Pronunciación [CD 7, track 20]

1. sincero      2. zapato      3. empiezo

## Acentuación [CD 7, track 21]

1. Estoy en mi casa solo, y no sé qué hacer.
2. Y tú, ¿tienes dinero para mí?
3. El saber es una cosa importante, sí. Pero, ¿qué me dices del aprender?

## Dictado [CD 7, track 22]

1. El sistema de gobierno y la constitución de Costa Rica son algunos de los aspectos que la hacen muy diferente de otros países hispanos y de los Estados Unidos.
2. En 1987, el entonces presidente de Costa Rica, el señor Óscar Arias Sánchez, ganó el Premio Nobel de la Paz.
3. El nuevo presidente de Costa Rica indicó su compromiso contra la corupción, a favor de los marginados y de aquéllos que no tienen esperanza.

# CAPÍTULO 12

# Práctica de comprensión auditiva

## PASO 1

**A. Palabras.** [CD 7, track 23]

1. Una casa enorme con muchas habitaciones y salas es…
   a. un palacio.
   b. la capital.
   c. un monumento.

[pause]

2. Un objeto que es viejo pero tiene valor es…
   a. próximo.
   b. antiguo.
   c. dueño.

[pause]

3. Cuando una persona quiere protestar por algo que no le parece bien, tiene que…
   a. cultivar.
   b. reservar.
   c. quejarse.

[pause]

4. Las civilizaciones, el arte, los pueblos y todo lo anterior a la conquista de las Américas se considera…
   a. fortaleza.
   b. precolombino.
   c. tierra.

**B. Planes para una fiesta.** [CD 7, track 24]

TERESA: Corazón, quiero hacer una fiesta de bienvenida para mis padres cuando regresen de Perú. Sin duda querrás ayudarme, ¿verdad?

CORAZÓN: Una fiesta de bienvenida para Olga y Enrique, ¡qué buena idea! Te ayudaré en todo lo que pueda. ¿Qué debo hacer?

TERESA: Pues ya sabes que mi papá va a estar bien cansado de la comida peruana. Tendremos que servir comida fabulosa.

CORAZÓN: Tienes razón, Teresa. Yo pediré una torta en una pastelería muy buena que conozco y yo haré unos entremeses muy especiales.

Teresa: Oh, Corazón, ¡qué maravillosa idea! Eres tan generosa. //

**C. ¡Fama y dinero!** [CD 7, track 25]

Yo me graduaré en junio de la universidad. Pasaré el verano en Europa, y después empezaré mis estudios en la facultad de derecho. En enero mi novia y yo nos casaremos. Viviremos en un apartamento. Después de terminar nuestros estudios de derecho, los dos seremos abogados. Ella trabajará para una empresa privada y yo, para el gobierno. Compartiremos todas las responsabilidades. Reuniremos un poco de dinero y nos compraremos una casa bonita. Nuestros padres nos visitarán con frecuencia. Creo que nuestra vida será muy agradable. //

**D. Planes.** [CD 7, track 26]

1. Mi hermano y yo tenemos ganas de conocer los Estados Unidos. //
2. Es mi intención estudiar para ser abogado. //
3. Creo que me voy a mudar de la casa de mis padres. //
4. No tengo suficiente dinero para pagar los estudios. //
5. Mis padres me dicen que me pueden ayudar. //

**E. Tranquilízate.** [CD 7, track 27]

1. ¿Dónde está Mercedes? ¿Por qué no viene? //
2. ¿Y la torta? ¿Cuándo la va a hacer mamá? //
3. Y tú, ¿por qué no sales a comprar leche y pan como te pedí? //
4. Todavía no pueden venir a verme mis primos. //
5. ¿Por qué no me dice Pablo cuándo llegará? //

**F. La cena del año.** [CD 7, track 28]

1. ¡Ay, Dios mío! Ya son las cinco y los invitados llegan a las ocho. Acabo de meter el pollo al horno. ¿Y cuándo hago los vegetales? (tener tiempo) //
2. ¡Mira eso! Hay papeles en el sofá y libros en el suelo. Pero Juan Pedro tenía que arreglar la sala. ¿Dónde está ese muchacho? (poder ordenar) //
3. Los señores Michelena no sabían si podían venir o no. ¡Y todavía no me han llamado! (venir) //
4. Pero, ¿qué es esto? Todavía queda por poner la mesa. Pero esto lo tenía que hacer Ana María. ¡Ana María! ¡Ana María! ¿Cuándo piensas poner la mesa? ¿Después de la cena? (poner la mesa) //
5. ¡Las flores! Se me olvidó comprar flores para la mesa. No voy a poder salir a comprarlas con todo lo que tengo que hacer. ¿Quién puede comprármelas? (salir) //

## PASO 2

**G. Palabras.** [CD 7, track 29]

1. La mayor preocupación de los ecologistas es…
   a. el desarrollo.
   b. el medio ambiente.
   c. la salud.

[pause]

2. Los países más pobres tienen normalmente mayor índice de…
   a. mortalidad.
   b. sostenibilidad.
   c. salud.

[pause]

3. Muchos países latinoamericanos fueron muy castigados por…
   a. el desarrollo humano.
   b. el SIDA.
   c. la salud materna.

[pause]

4. La mayor preocupación de muchos movimientos sociales en América Latina es…
   a. la alianza mundial.
   b. el interés.
   c. la igualdad y la pobreza.

**H. ¡Quejas!** [CD 7, track 30]

APOLONIA: Buenas tardes, Angelita. ¿Cómo estás?

ANGELITA: Buenas, Apolonia. No estoy mal. A mis setenta años no estoy para hacer mucho andinismo, pero no estoy mal.

APOLONIA: *(laughing)* Bueno, tal vez no para hacer andinismo, pero te ves muy bien.

ANGELITA: Pues sí, gracias. Pero las apariencias mienten: Por dentro me duele todo. Me agota todo…

APOLONIA: ¡Cuánto lo siento, Angelita!

ANGELITA: Y lo peor es que el negocio de mi hijo está en la bancarrota.

APOLONIA: ¡Vaya! Veo que las cosas no te van bien.

ANGELITA: Pues no. Invirtió todos mis ahorros en el negocio, y las cosas no funcionaron. Ha gastado todos mis ahorros.

APOLONIA: Bueno, Angelita. ¿Y no tienes ninguna buena noticia que contarme?

ANGELITA: Pues sí. He recibido una tarjeta postal de mi hijo y dice que se va a casar con tu hija. Estás de enhorabuena.

APOLONIA: ¡Caramba! ¡Voy a tener un yerno negociante y una comadre de lo más optimista! *(Both laugh)* //

**I. ¡Lotería!** [CD 7, track 31]

1. Yo me tomaría unas vacaciones fabulosas de un mes. Haría un viaje alrededor del mundo. //
2. Yo no viajaría. Pondría todo el dinero en una cuenta de ahorros. //
3. Yo dejaría de estudiar inmediatamente. Probablemente no trabajaría tampoco. //
4. Yo invertiría todo el dinero. Con suerte, sería millonario en unos cuantos años. //
5. Yo compartiría el dinero con mis familiares. De esa manera, nadie en la familia tendría que trabajar. //

6. Yo firmaría un contrato para trabajar en una película. Y si no me lo quisieran dar, ¡compraría la empresa! //

**J. Conversando a la hora del almuerzo.** [CD 7, track 32]

ALFREDO: ¿Qué harías tú, Ana María?

ANA MARÍA: Yo creo que trataría de eliminar la pobreza en nuestro país. Tenemos tantos recursos naturales pero no los aprovechamos. Y tú, ¿qué harías, Alfredo?

ALFREDO: ¿Yo? Yo estoy de acuerdo contigo, Ana María. Crearía empleo para todo el mundo. Así, podría eliminar la pobreza. ¿Qué dices tú, Isabel?

ISABEL: Todo lo contrario. Yo también estoy de acuerdo con Ana María. Pero yo me ocuparía de desarrollar nuestros recursos naturales y mejorar, de esa manera, la economía del país. ¿Qué te parece mi plan, Carlos?

CARLOS: Yo simplemente pediría dinero a los Estados Unidos. Los gringos tienen mucha plata y siempre andan buscando a quién regalársela. ¿Cómo ganarías tú más dinero, Susana?

SUSANA: No estoy de acuerdo contigo, Carlos. No creo que es buena idea aumentar la deuda nacional. Yo simplemente invertiría todos los ahorros por un período de seis años. Así mejoraría la economía pero sin deuda a otros países. //

# PASO 3

**K. Palabras.** [CD 7, track 33]

1. Si tenemos problemas de mosquitos, necesitamos un buen…
   a. solsticio.
   b. capital.
   c. repelente.

[pause]

2. Cuando viajamos de un país a otro tenemos que pasar por…
   a. la aduana.
   b. la casa.
   c. la alcoba.

[pause]

3. Si una persona está molestando a otra, esta puede pedirle que sea…
   a. respetuosa.
   b. sólida.
   c. moneda.

[pause]

4. En verano y en invierno, cuando los días son más largos o más cortos, tenemos un…
   a. inicio.

b. solsticio.

c. ceviche.

**L. Unas vacaciones fenomenales.** [CD 7, track 34]

ALBERTO: Oye, Lola, ven conmigo al café, te invito a tomar un refresco.

LOLA: Gracias, Alberto. Eres muy amable. No sé si debo ir. Tengo que ir a la biblioteca a estudiar un poco.

ALBERTO: Déjalo para más tarde. Tengo ganas de tomar algo. Vamos, ¿qué dices?

LOLA: Bueno, la biblioteca estará abierta todo el día. Vamos.

ALBERTO: Qué bien. Ahora me podrás contar más sobre tus vacaciones. ¿Es verdad que fueron fenomenales?

LOLA: ¡Qué va! He decidido nunca más viajar con Chela. No dejó de hablar durante todo el viaje. Y siempre teníamos que hacer todo lo que ella quería. Y para ella todo es fenomenal, fabuloso o fantástico. Estoy tan harta de oír esas palabras.

ALBERTO: Así me lo imaginaba. Pero cálmate, mujer. No es para tanto.

LOLA: Tienes razón. Por lo menos vi muchas cosas bonitas en el Perú. La artesanía de los indígenas es particularmente interesante.

ALBERTO: Es fenomenal, ¿no?

LOLA: ¡Ay, no digas eso!

**M. ¿Podrías decirme…?** [CD 7, track 35]

No es difícil llegar a la Iglesia de San Antón. Estamos aquí en la Plaza de Cibeles. Sigue derecho por la calle de Alcalá por unas dos cuadras hasta llegar a la Gran Vía. Sigue derecho por la Gran Vía por unas dos o tres cuadras hasta la calle de la Hortaleza. No te confundas, porque la calle Montera es la de la izquierda y la calle de la Hortaleza es la de la derecha. Dobla a la derecha y sigue derecho por Hortaleza por unas tres cuadras. La Iglesia de San Antón está a la izquierda en la calle de la Hortaleza, esquina con la calle Farmacia. Nos vemos a las cuatro en punto. No olvides. //

**N. Empacando.** [CD 7, track 36]

LUPITA: Por favor, busca la… *(bad reception)*… roja.

PEDRO: No te escucho bien… ¿la libreta roja?

LUPITA: Nooo, la maleta roja… y saca también mi cepillo de… *(bad reception)*…

PEDRO: ¿De qué parientes estás hablando? Oye, ese teléfono tuyo siempre funciona mal.

LUPITA: ¿Me oyes ahora?

PEDRO: Sí, un poco mejor.

LUPITA: Que no te hablo de parientes sino… *dientes.* Necesito mi cepillo de dientes y pon también mis… *(bad reception)*… al lado de mi bolso. Las necesito. Están en el dormitorio.

PEDRO: Bien, ¿y qué dices que bajas?

LUPITA: No dije «bajas». Dije «gafas». Pon mis gafas de sol al lado de mi bolso. Ay, y por favor, no olvides mi… *(bad reception)*… Sin él no podré hacer el viaje.

PEDRO: ¿Qué reporte? Salimos de vacaciones. No es un viaje de negocios. *(communication gets cut off)* ¡Vaya! Se cortó.

## Dictado [CD 7, track 37]

1. La sociedad incaica estaba dividida en cuatro clases: los gobernantes, los nobles, la gente común y los esclavos.

2. Perú tiene tres lenguas oficiales: el español, el quechua y el aimará.

3. Machu Picchu es una joya arqueológica considerada Patrimonio de la Humanidad.

# CAPÍTULO 13
# Práctica de comprensión auditiva

## PASO 1

**A. Palabras.** [CD 8, track 2]

1. Los conductores deben llevar siempre…
   a. sus cinturones de seguridad.
   b. su maestría.
   c. sus amigos y familiares.

[pause]

2. Un defecto importante del carácter de algunas personas es…
   a. el esclavo.
   b. la envidia.
   c. la espalda.

[pause]

3. Los conductores deben respetar…
   a. los límites de velocidad.
   b. la orilla del río.
   c. el garaje.

[pause]

4. Es obligatorio que los vehículos lleven…
   a. una embarcación.
   b. el choque cultural.
   c. llanta de repuesto.

**B. Para la buena salud.** [CD 8, track 3]

1. Te recomendamos que estudies todos los días por dos horas. //
2. ¿Tienes que preparar tus exámenes finales? Te invitamos a tomar litros y litros de café para poder estudiar. //
3. Te aconsejamos que fumes mucho durante el tiempo que estudias. //
4. ¿Nervioso por los exámenes? Te aconsejamos que bebas mucho alcohol para controlar tus nervios. //
5. Insistimos en que estudies todos los días y que no lo dejes todo para la última semana. //

**C. ¡Cuídate!** [CD 8, track 4]

1. Tienes que comer más, hijo. Últimamente comes muy poco. //
2. Yo estudiaba todos los días, y tú debes estudiar todos los días también. No lo olvides. //
3. Dicen que en las residencias se toma mucho alcohol, pero yo estoy seguro de que ustedes no van a tomar, ¿a que no?//
4. Sé que vas estar muy ocupada pero queremos que nos llames por lo menos una vez por semana. //
5. Usa tu tarjeta de crédito solo para emergencias. Es importante que controles cómo gastas tu dinero. //

**D. Un entrenador muy exigente.** [CD 8, track 5]

Insisto en que tú tomes tu tiempo para acostumbrarte a este nuevo equipo. Sugiero también que formes un buen equipo con todos tus compañeros y que no pienses que estás solo en el campo. Quiero que todos sean como una familia. También te aconsejo que hables poco con los periodistas, porque malinterpretan las cosas. Insisto en que cualquier problema que tengas lo hables directamente conmigo. //

# PASO 2

**E. Palabras.** [CD 8, track 6]

1. Cuando una persona tiene un accidente o una enfermedad y está en peligro decimos que está…
   a. cáncer.
   b. grave.
   c. muerto.

[pause]

2. En español, cuando expresamos dolor o sorpresa decimos…
   a. ¡Ahí!
   b. hay.
   c. ¡Ay!

[pause]

3. Los jugadores de fútbol tienen muchos problemas de…
   a. oído.

   b. garganta.
   c. rodilla.

[pause]

4. Los médicos especialistas en nariz y garganta, son también especialistas en…
   a. espalda.
   b. oído.
   c. mano.

**F. ¡Vamos, arriba!** [CD 8, track 7]

Vamos… Todos podemos estar en forma. Primero, corran rápido en su lugar. / Ahora, estiren el cuerpo. Vamos, con un poco de esfuerzo. / Ahora, levanten las rodillas. Primero la pierna izquierda, luego la pierna derecha… repitan el ejercicio. / Ahora, doblen la cintura. Uno dos, uno dos. Muy bien. Háganlo diez veces. / Vamos. Ahora, tómense el pulso de la mano izquierda con la mano derecha. Cuenten cuidadosamente. //

**G. Teleadicto.** [CD 8, track 8]

A mí me parece que la vida ideal es la vida sin esfuerzo. Escúcheme bien y voy a decirle cómo relajarse totalmente.

Primero, abra una cerveza bien fría. No se preocupe en buscar un vaso —es mejor beber de la botella. Ponga la tele y siéntese cómodamente en el sofá. Para cambiar de un canal a otro, use solamente el control remoto. Si empieza a tener hambre, levántese y camine al refrigerador. Si usted es un buen teleadicto, el refrigerador estará lleno de helado. Coma un plato de helado y mire un partido de fútbol en la tele. Verá que el espectador se cansa menos que el jugador. Después, duerma una siesta. Creo que le hará mucho bien. //

**H. Dar su sangre.** [CD 8, track 9]

1. Hay que esperar en la sala de espera. //
2. Es necesario abrir y cerrar la mano al dar la sangre. //
3. Después de dar sangre, es importante poner la cabeza entre las piernas. //
4. También es bueno descansar quince minutos. //
5. Otra cosa. Debe tomar jugo de fruta antes de salir. //

**I. Deseándole suerte.** [CD 8, track 10]

1. José no sabe el número de teléfono de Daniela. Va a preguntarle a Simón. //
2. Él quiere salir con ella, pero le dijeron que estaba enferma. //
3. Piensa invitarla al cine el sábado, pero no sabe qué películas dan esta semana. //
4. Alguien me dijo que Daniela pensaba ir con su compañera de cuarto a San Francisco este fin de semana. //
5. Quién sabe si van a poder salir juntos. //

**J. Preocupado por su salud.** [CD 8, track 11]

Siempre estoy muy preocupado cuando tengo que ir al médico. Ahora tengo fiebre. Quizás sea algo muy grave. No sé qué pensar. Ojalá que yo no esté muy enfermo. A veces los síntomas más comunes indican un problema muy serio. Si estoy muy mal, el médico me va a recetar unos antibióticos muy fuertes que me van a poner peor. Ojalá que no me dé nada tan fuerte. ¿Y qué pasa si tengo cáncer o algo peor? Tal vez el médico no sepa lo que tengo. Si me dice eso, me voy a deprimir. Quizás no vaya a ver al médico. El remedio puede ser peor que la enfermedad. //

## PASO 3

**K. Palabras.** [CD 8, track 12]

1. Es obligatorio para todos los carros llevar una llanta de…
   a. acceso.
   b. presión alta.
   c. repuesto.

[pause]

2. Los conductores deben tener…
   a. un seguro.
   b. una corbata.
   c. un trimate.

[pause]

3. Una enfermedad que no tiene síntomas evidentes es…
   a. el seguro escolar.
   b. la presión alta.
   c. la igualdad.

[pause]

4. Las personas que sufren enfermedades necesitan un buen…
   a. seguro escolar.
   b. seguro de salud.
   c. pago de hipoteca.

**L. ¿Qué hacemos el sábado?** [CD 8, track 13]

EDUARDO: Melisa, ¿qué te parece si vamos al club deportivo del hotel?

MELISA: No, quiero que me lleves al cine a ver una película.

EDUARDO: Pero podemos ir al cine mañana. Es importante que nos mantengamos en forma durante las vacaciones, ¿no crees?

MELISA: Ay, Eduardo, ya sabes que no me gusta hacer ejercicio cuando salimos de vacaciones. Bastante ejercicio hacemos en casa cada semana. Además, ya hace varias semanas que no vamos al cine juntos.

EDUARDO: Pero entre todas las películas que están presentando hay una sola que vale la pena, y es tan popular que es probable que no podamos conseguir entradas.

MELISA: Entonces, quedémonos en casa y veamos la tele. Pero yo me rehúso a pasar las vacaciones haciendo ejercicio. //

**M. ¡Pobrecito!** [CD 8, track 14]

Mi hermano Ignacio está a dieta. Toda la familia siente mucho que tenga que pasar por esto, pero mis padres se alegran de que esté a dieta. Todos sus compañeros esperan que pueda perder el peso sin problema. Él también teme que empiece a aumentar de peso tan pronto como deje la dieta. Pero ahora Ignacio tiene que concentrarse en perder el peso. Su novia viene todos los días y habla con él. Yo me alegro mucho de que ella venga con frecuencia. Ignacio se pone muy contento cuando está ella y se olvida de que está a dieta. //

**N. ¡Estoy muerta!** [CD 8, track 15]

FULVIA: Temo que no pueda continuar con esta clase. Estoy molida. Ya no aguanto más.

ALDO: Ojalá yo tenga la fuerza para continuar. Pero yo también estoy muerto.

FULVIA: Me alegro de que no tengamos que estar aquí más de una hora.

ALDO: Ay, sí. Temo que ni tú ni yo aguantemos un minuto más.

FULVIA: No creo que la entrenadora esté consciente de lo agotados que estamos.

ALDO: Es posible que no, pero quién sabe. Ojalá que nos permita descansar un poco más la siguiente vez.

FULVIA: ¿Qué dices, Aldo? ¿Ya decidiste regresar la próxima semana?

ALDO: Bueno, temo que si no venimos, todo el esfuerzo que hemos hecho habrá sido en vano.

FULVIA: Tienes razón, Aldo. Me alegro de que hayas cambiado de opinión. Yo también estaré aquí contigo.

ALDO: *(furioso)* Pues, espero que nos vaya mejor y que no estemos tan molidos como hoy.

FULVIA: ¡Ojalá! //

**O. ¡Fanáticos de estar en forma!** [CD 8, track 16]

1. En Bolivia dicen que los estadounidenses son fanáticos de estar en forma. Creo que es verdad. //
2. Casi todos los estadounidenses corren dos o tres veces a la semana. Eso es obvio. //
3. Algunos estadounidenses se pasan todo el tiempo haciendo ejercicio. Eso no es lógico. //
4. En algunos casos, hacen tanto ejercicio que hasta mueren. ¡Qué increíble! //

5. En los Estados Unidos, mucha gente no come al mediodía para tener tiempo para hacer ejercicio. Es una pena, creo yo. //

**P. No necesitas bajar de peso.** [CD 8, track 17]
¿Tú piensas bajar diez kilos en un mes? ¿Estás loca? Tú no necesitas bajar de peso, si ya estás en buena forma. ¿Por qué estás tan decidida en hacer eso? Ya sabes que los médicos recomiendan que la gente baje de peso poco a poco. Es absurdo tratar de bajar tanto en tan poco tiempo, más aún cuando ya eres delgada. Yo recomiendo que hables con un médico si insistes en ponerte a dieta. Es importante que lo hagas antes de empezar. //

**Dictado** [CD 8, track 18]

1. Junto con Paraguay, Bolivia es uno de los dos países americanos que no tiene costas.
2. En cuanto a extensión, Bolivia es el quinto país de América del Sur.
3. Las artesanías populares bolivianas encuentran su máxima expresión en atractivas mantas y tejidos, juguetes, cerámicas y máscaras de gran colorido, así como en delicados trabajos de plata.

# CAPÍTULO 14
# Práctica de comprensión auditiva

## PASO 1

**A. Palabras.** [CD 8, track 19]
1. Uno de los deportes más peligrosos por su violencia es…
   a. la natación.
   b. el boxeo.
   c. el esquí.

[**pause**]

2. Uno de los deportes de montaña más populares del mundo es el…
   a. salto de altura.
   b. esquí.
   c. levantamiento de pesas.

[**pause**]

3. Todas las jugadoras de tenis tienen una buena…
   a. arquera.
   b. lanzadora.
   c. entrenadora.

[**pause**]

4. Cuando en un partido ninguno de los equipos gana, decimos que hay…
   a. un empate.
   b. una pelea.
   c. una liga.

**B. Tomás el incrédulo.** [CD 8, track 20]
1. Dicen que los exámenes del profesor de historia latinoamericana son fáciles. //
2. Creo que mañana sirven bistec en la cafetería. //
3. Necesito una beca para el año que viene. No puedo pagar la matrícula. //
4. Mañana va a hacer sol, y va a hacer 70 grados. Podremos salir a jugar al béisbol. //
5. Oye, Tomás, ¿puedes ir con nosotros el sábado al cine? Hay una película que todos queremos ver. //

**C. ¿Cómo va a salir esta fiesta?** [CD 8, track 21]
Estoy segura de que la fiesta que planeé para el sábado va a ser un desastre. María Elena me dijo que llegaban hoy sus parientes de Bogotá y que tiene que pasar el fin de semana con ellos. Dudo que ella pueda venir. Juan Luis tiene que estudiar y es poco probable que venga. José Antonio iba a tocar la guitarra en la fiesta, pero se rompió el brazo jugando fútbol y es evidente que no va a tocar. Y mi amiga Bárbara, que pensaba ayudarme a preparar la comida, se enfermó ayer y no puede venir. ¡Es increíble que pasen todas estas cosas en el peor momento posible! No sé lo que voy a hacer. Creo que debo cancelar la fiesta e ir al cine. ¿Qué crees tú? //

## PASO 2

**D. Palabras.** [CD 8, track 22]
1. En las olimpiadas, los ganadores reciben…
   a. un jonrón.
   b. medallas.
   c. la directiva.

[**pause**]

2. En béisbol, el objetivo es conseguir…
   a. la élite.
   b. el jonrón.
   c. la medalla.

[**pause**]

3. Los deportistas de élite pasan muchas horas en el gimnasio…
   a. visitando.
   b. comiendo.
   c. entrenando.

[**pause**]

4. Esperamos siempre de los árbitros que sean…
    a. orgullosos.
    b. deprimidos.
    c. imparciales.

**E. Un partido que nunca se olvidará.** [CD 8, track 23]

JIMÉNEZ: ¡Qué magnífico partido, querido público! Para los que no tuvieron la suerte de presenciar este combate por el campeonato regional entre los Azucareros y las Avispas, les puedo afirmar que sin duda fue uno de los mejores y más emocionantes partidos que he tenido la oportunidad de ver. Casi desde el principio se impusieron los Azucareros con un jonrón espectacular marcado por Paquito Sánchez. Pero las Avispas les empataron momentos después y no fue hasta principios del último *inning* que los Azucareros parecían ganar el partido con dos jonrones sucesivos. Pero, señores oyentes, casi milagrosamente las Avispas se reanimaron para marcar no menos de tres jonrones para ganar cuatro a tres. Les aseguro que este campeonato va a tener un lugar en la historia como uno de los más espectaculares del siglo. //

**F. Después de la universidad.** [CD 8, track 24]
1. Quiero un trabajo en una empresa internacional porque hablo francés y español. //
2. Necesito un empleo en una oficina donde se abran las puertas a las diez de la mañana. Después de cuatro años en la universidad será difícil levantarme temprano. //
3. Pienso buscar un empleo donde no me pidan mucho y donde no me pregunten nada difícil. //
4. Quiero un trabajo interesante, pero también quiero tener la posibilidad y el tiempo de dedicarme un poco a mi mujer y a mis hijos después de casarme. //
5. Me interesa un empleo con posibilidades de viajar. Me gustaría conocer muchos países. //

**G. A trabajar.** [CD 8, track 25]
Espero que sea posible encontrar un trabajo que me permita ocuparme de mis hijos. Tengo tres: la mayor está en su último año de la escuela secundaria, el segundo tiene doce años y el menor tiene diez. Necesito un puesto que me permita salir a las dos de la tarde. Voy a buscar una oficina que esté cerca de mi casa y un jefe que sea simpático. Si encuentro un trabajo que me guste, tanto mejor, pero lo más importante para mí es estar disponible si me necesitan mis hijos. ¿Conoce usted a alguien que pueda ayudarme a conseguir tal empleo? //

# PASO 3

**H. Palabras.** [CD 8, track 26]
1. De un hombre que es muy amable y muy cortés decimos que es todo un…
    a. orgulloso.
    b. caballero.
    c. contrario.

[pause]

2. Una persona, después de trabajar muchos años, espera…
    a. jubilarse.
    b. transferir.
    c. graduarse.

[pause]

3. Si no estamos con alguien decimos que estamos…
    a. solos.
    b. dispuestos.
    c. orgullosos.

[pause]

4. Si no te dan lo que pides, te lo…
    a. jubilan.
    b. denegan.
    c. firman.

**I. ¡Viene mamá a visitar!** [CD 8, track 27]

GERARDO: ¡Cuánto me alegro de que estemos en la nueva casa! Ahora que viene tu mamá a visitar, nos va a ser muy útil ese cuarto extra.

ESMERALDA: Sí, pero antes que venga tenemos que comprar una cama nueva para mamá.

GERARDO: Sí, lo sé mi amor, y lo haremos tan pronto como me paguen el trabajo que hice el mes pasado para *La Prensa*.

ESMERALDA: Y me gustaría hacer unas cortinas nuevas para la ventana del baño y una alfombra para poner al lado de la cama nueva. También me gustaría conseguir una mesita que pienso poner a la derecha de la entrada, y tal vez una silla allí también. Y otra mesita al lado de la cama y una lámpara para que mamá pueda ver bien si se tiene que levantar durante la noche…

Gerardo: Esmeralda, por favor. Necesitamos ganar la lotería para comprar todo lo que tú quieres. //

**J. Tengo ganas de cambiar de trabajo.** [CD 8, track 28]

RAMÓN: Ya no aguanto este trabajo. Aunque la empresa gana mucho dinero, les pagan poco a los empleados. También el ambiente es poco agradable. Creo que voy a dejar el puesto.

ANA: Entonces, Ramón, ¿vas a buscar otro trabajo?

RAMÓN: Sí. He estado leyendo los anuncios en el periódico y parece que hay muchos.

ANA: Entonces, tan pronto como encuentres un nuevo puesto, acéptalo.

RAMÓN: Sí, sí, pero no dejaré mi puesto actual hasta que tenga una oferta aceptable. No podemos estar sin dinero.

ANA: Haces bien, mi amor. Estoy segura de que recibirás una oferta en seguida. Tú eres tan listo. Y una vez que te den un nuevo trabajo podremos mudarnos a una casa más grande para que los niños tengan su propia recámara. Y compraremos los muebles nuevos que siempre he querido. E iremos de vacaciones a…

RAMÓN: Ana, por favor. En las cosas ciertas confiar y las fantásticas evitar. //

**K. Día de limpieza.** [CD 8, track 29]

ELENA: Bueno, Laura, yo limpio el baño a menos que quieras hacerlo tú.

LAURA: ¡Qué va! Yo voy a sacrificarme lavando los platos de la cena de anoche, a menos que ya los hayas lavado.

ELENA: ¡Claro que no los he lavado! Pero tan pronto como los laves puedo empezar a preparar el desayuno.

LAURA: Y en cuanto termines tendré que limpiar la cocina otra vez. Es cierto que hay un desorden continuo en este apartamento.

ELENA: Ya lo creo. Pero tenemos que limpiar y organizar el apartamento hoy mismo, antes de que vengan los muchachos a almorzar mañana.

LAURA: ¿Qué vamos a preparar para el almuerzo mañana? Absolutamente nada a menos que salgamos a comprar comida —y platos.

ELENA: Ay, tienes razón. Vamos a la tienda ahora mismo. Es más importante tener comida y platos que tener el apartamento limpio, ¿no crees?

LAURA: De acuerdo. Si vamos a tener invitados, la comida es más importante que la limpieza. //

## Dictado [CD 8, track 30]

1. En Cuba existe una gran diversidad étnica y cultural entre su gente. //

2. El embargo y la caída de los gobiernos comunistas han dejado el futuro del país con un rumbo incierto. //

3. Es irónico que La Habana sea la ciudad capital latinoamericana más cercana geográficamente y la más alejada políticamente. //